究極のシンプルスイング

キープレフト理論

実戦強化編

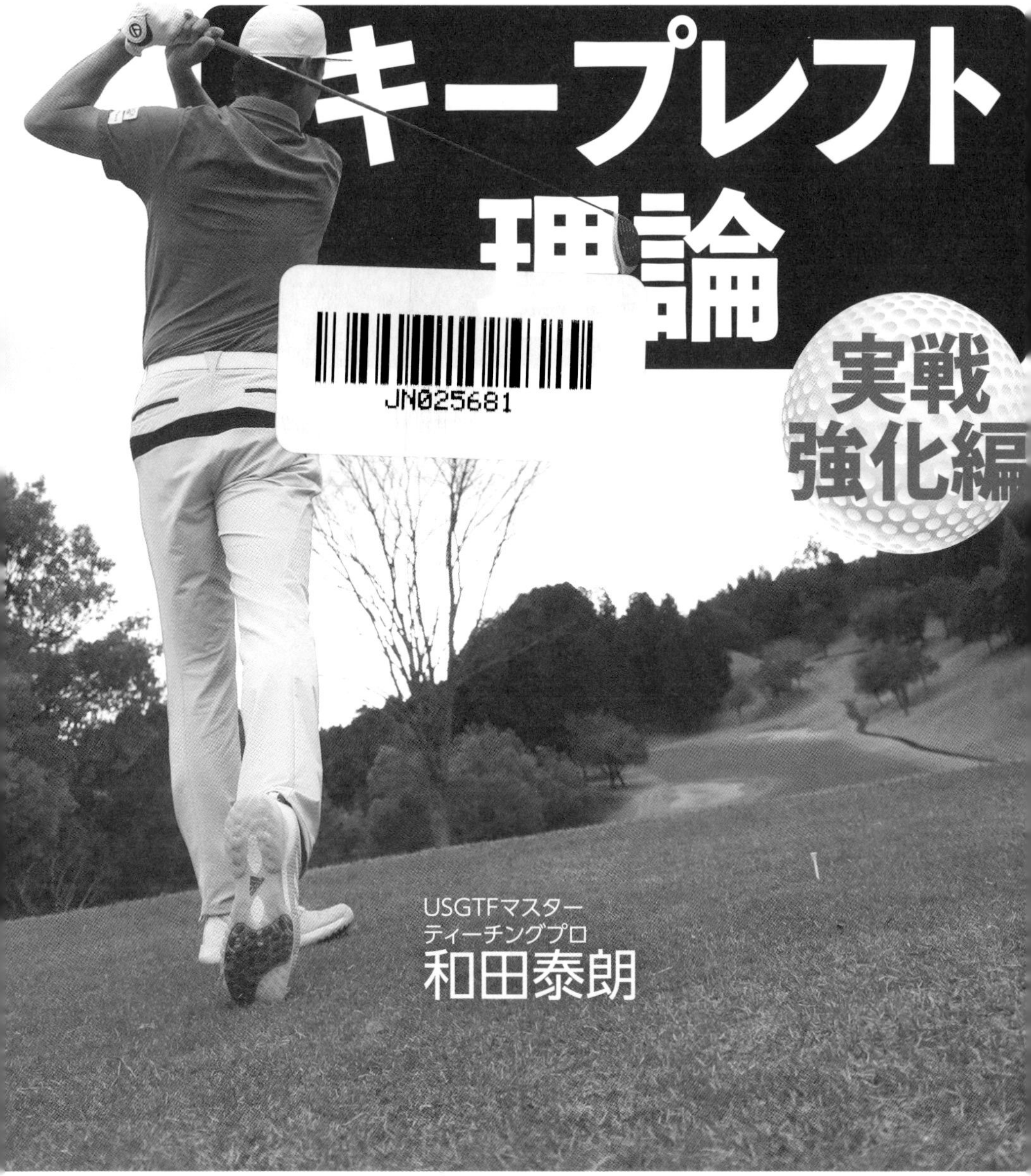

USGTFマスター
ティーチングプロ
和田泰朗

日本文芸社

はじめに

こんにちは、WGTFマスターティチングプロの和田泰朗《わだひろあき》です。

初めて上梓した『世界が認めた究極のシンプルスイング キープレフト理論』がおかげさまで大変好評をいただき、このたびその実戦編となる本書を出版させていただくことになりました。あらためて、よろしくお願いします。

さて、本書を手に取られたみなさんは、スコアアップを目指し、日々それぞれの方法で努力なされていることと思います。

そんな過程で誰もが直面するのは、練習とラウンドのギャップ。「練習場ではできるのにラウンドになるとできない」ということです。

こうなる理由はたくさんありますが、確実にいえるのは、解決に向けてラウンドでできることは、ごくごく少ないということです。

コースでは一度しか打てません。おまけに、効果が見込めるアドバイスはゴルファーによって千差万別ですから、すべての人に有効な処方箋を提示するのは至難の業。みなさんのラウンドに帯同できればいいのですが、そういうわけにもいきません。

しかし、避けて通れない問題である以上、指導者として手を施さないわけにはいきません。そんな考えから生まれたのがこの本です。

本書では、大多数のアベレージゴルファーが実戦で抱えている、最大公約数的な問題の解決策をピックアップしました。

そのポイントはクラブが機能的に動くこと。機能的に動くとは、ヘッドがグリップエンドを追い越し、かつトゥ側がヒール側を追い越しながらボールを打つ、という2つの条件を同時に満たすことで、実践していただければこれが整ってミスが減っていきます。

さらにこだわったのは、その場しのぎの対策にならないことです。例えばボールをつかまえるのなら、フェースを閉じて振ったり、積極的にリストターンを使えばしのげるかもしれませんが、根本的な解決には向かいません。

取り入れる以上は今後のスイング作り、次回以降のラウンドにもつながっていく対策でなければいけません。紹介した内容はそこにも留意していますので、ラウンドではもちろん、練習でドリル的にやっていただいてもスコアアップに貢献できます。

実戦的なテクニックガイドとしてだけでなく、練習の友としてもお役立ていただければ幸いです。

和田泰朗

究極のシンプルスイング
キープレフト理論 実戦強化編

目次

PART 1

OBをなくして飛距離アップ！
ドライバー&フェアウェイウッド編

PART 2
グリーンの30ヤード以内に運ぶアイアン編

PART 3 確実に2パット圏内に寄せるアプローチ編

PART 4
一発で脱出するバンカーショット編

PART 5
3パットしないパッティング編

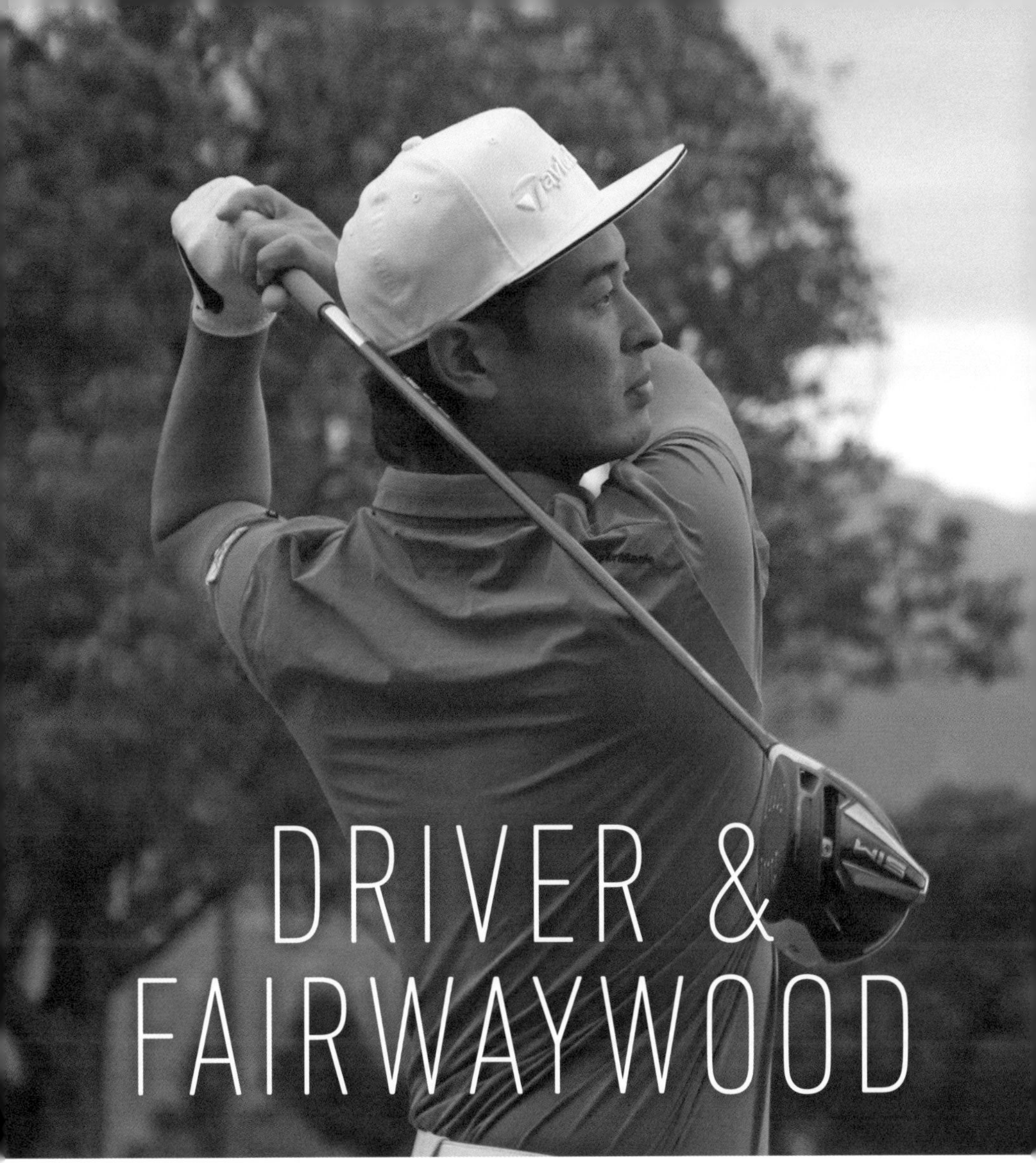

PART1

OBをなくして飛距離アップ！ ドライバー&フェアウェイウッド編

スライスを止める！

当てにいったり飛ばそうとするほどスライスする

ヘッドが外から入ってカット打ちになったり、クラブが下りてくる軌道に対してフェースが開くのがスライスする原因です。これらはおもに、フェースをボールに当てにいく、あるいは飛ばしにいって体が開き、大きく振り遅れることで起こります。前者ではダウンスイングでヘッドから戻そうとして手首が伸びる（キャスティング）、後者では同じ過程で骨盤が前に出る格好になります。

修正するにはフェースをターンさせることですが、手を返したり、クラブを左に引き込むように振るなど、エラー箇所に直接手を下しても解決しません。そうやって真っすぐ飛んだとしてもたまたまで、またすぐにスライスします。スライスならいいほうで、そのうちにヒッカケも出て収拾がつかなくなりますから、正しくフェースターンさせる方法を覚えることが大事です。そうすればスライスもヒッカケも一網打尽です。

当てにいくとダウンスイングでヘッドから戻す動きに。ヘッドが外から入ってカット打ちになる

飛ばそうとするとダウンスイングで骨盤が前に出て体が伸び上がり、振り遅れてフェースが開いてスライスに

「閉じる→開く→閉じる」のフェースワークでスライスは止まる

自分でフェースを閉じようとしなくていい

フェースが閉じながらインパクトに向かうのがスライスしない条件ですが、自分で閉じる必要はありません。

写真のようにバックスイングで閉じたフェースがダウンスイングで開く。こうなって初めてインパクトに向かってフェースが自然に閉じてきます。

詳細は後述しますが、インパクトに向かってクラブが一定の条件を満たせば、体を左に回すだけでボールはつかまります。

閉じて上がったフェースは開いて下りてくる。この過程を踏むのがスライス根絶の第一歩

右手のひらを下に向けたまま バックスイングへ

シャットフェースでテークバック
手を返さずにテークバックするとヘッドは真っすぐからアウトに上がる

右手のひらを下に向けるイメージでテークバックすると、クラブヘッドは真っすぐから、ややアウトに上がり、ダウンスイングでクラブをインサイドから下ろしやすくなります。これがフェースターンを促す重要なポイント（20ページ参照）です。

スライスする人の多くは、フェースを開きながらインに引くため、ヘッドが外から下りてカット軌道になります。フェースが開けばスライス、閉じたまま当たれば左に飛んでしまいます。

右手のひらを下に向けたままバックスイング

ダウンスイング〜インパクトは右手のひらが上から前に向くイメージ

クラブの反転作用を使って打とう

クラブは特殊な形の斜めの棒。これを斜めに振るのがスイングです。斜めに振らないとクラブの機能が発揮できません。つまり、インパクトに向かってクラブがライ角どおり斜めに下りると、クラブに反転作用が働いてフェースが閉じてきます。トゥ側がヒール側を追い越すわけです。ま

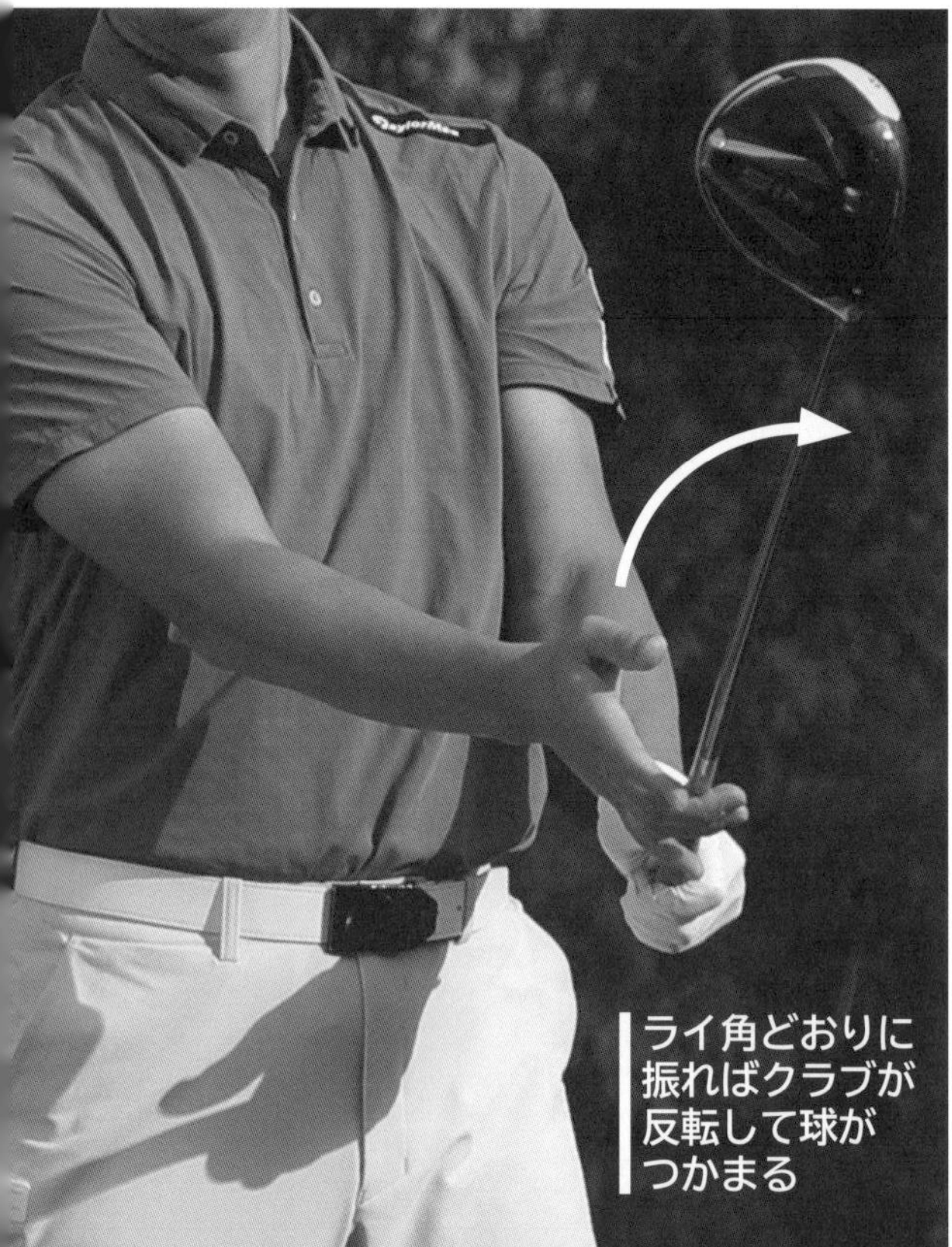

ライ角どおりに振ればクラブが反転して球がつかまる

た、体が回転するとヘッドがグリップエンド側を追い越します。２つが同時に起こるとクラブの使用条件が満たされ、インパクトでフェースが開かなくなるのです。

インから下ろすと
ヘッドの重心が
ネックを追い越す

フェースターンの正体はヘッドのトゥ側がネック側を追いこすこと

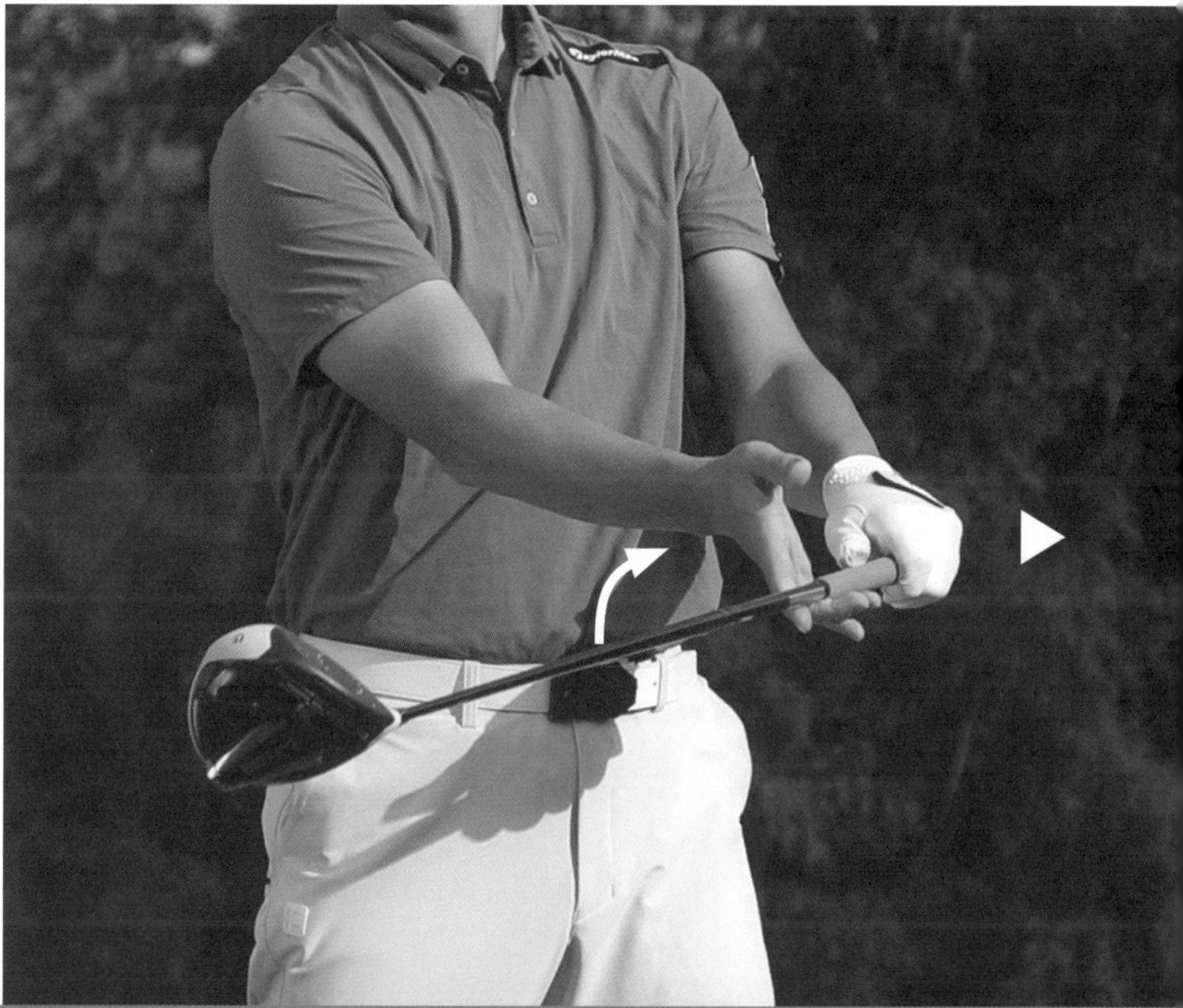

ライ角どおりにクラブをインサイドから下ろせるとクラブが反転し、フェースがターンする

ダウンスイングでフェースを閉じようとしない

フェースが開いて下りると閉じたくなりますが、その必要はありません。前傾したまま体（肋骨）を左に回すだけです。クラブを立てるとアウトサイドからインパクトに向かってしまうので、むしろ寝かせるイメージで手を低い位置に下ろしましょう。ただし、当てにいくと回転速度が落ちてフェースターンが不足するので、しっかり左に回転すること。くれぐれも手でクラブを戻さないでください。右足に体重を残し、ベタ足で打つとミートしやすくなります。

フェースを開いたまま
クラブを寝かせて下ろす

ダウンスイングでクラブを立てるとアウトから下りるので、寝かせながら下ろす感じでいい

手を使わなければクラブの反転作用でフェースが閉じてくる

インから下りればボールに向かってフェースが閉じる

当てにいかずスピーディーに回転する

前傾が起きずに体が回れば手元は詰まらない

体を左に回すだけでフェースは閉じる

フェースは閉じる

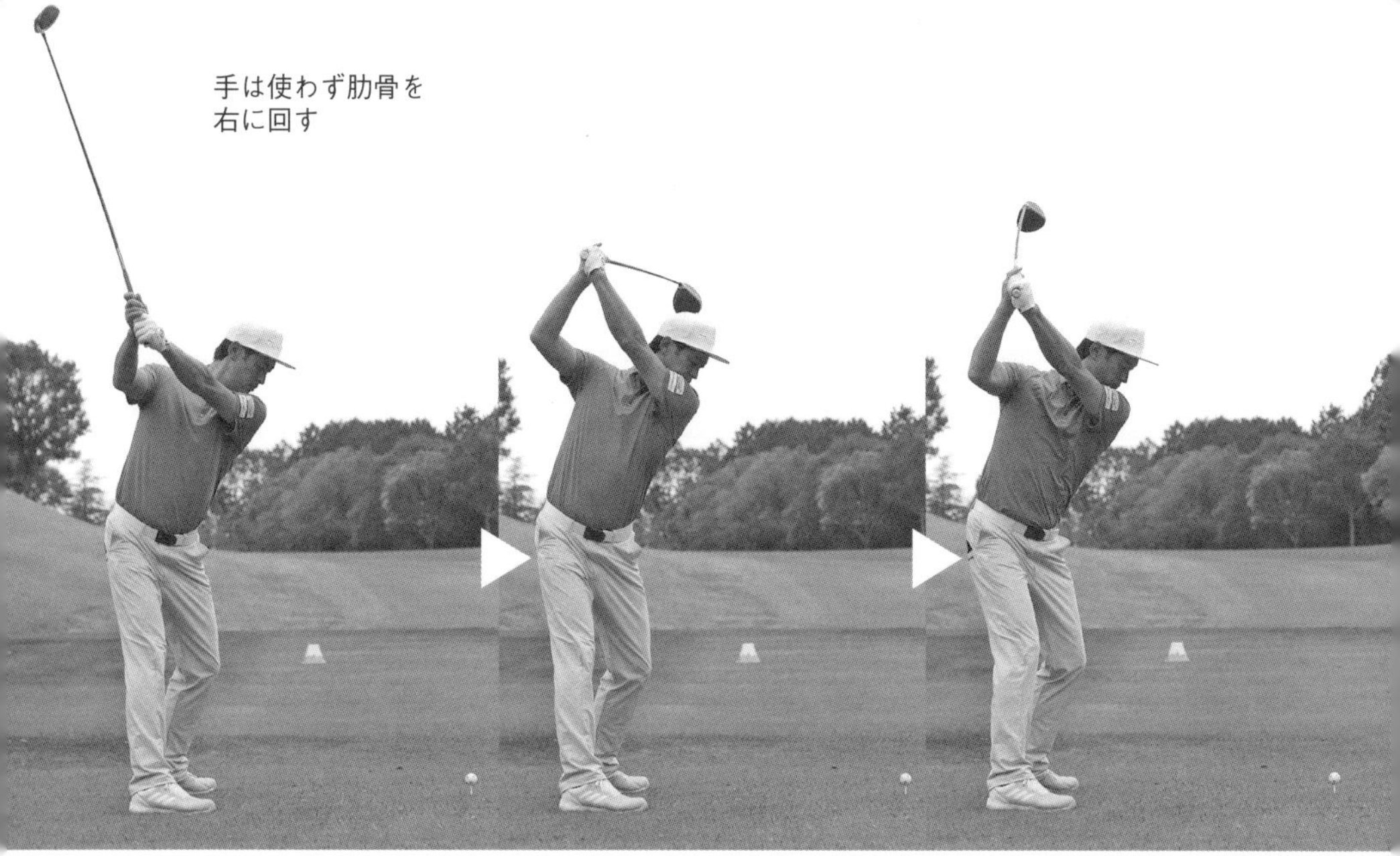
手は使わず肋骨を
右に回す

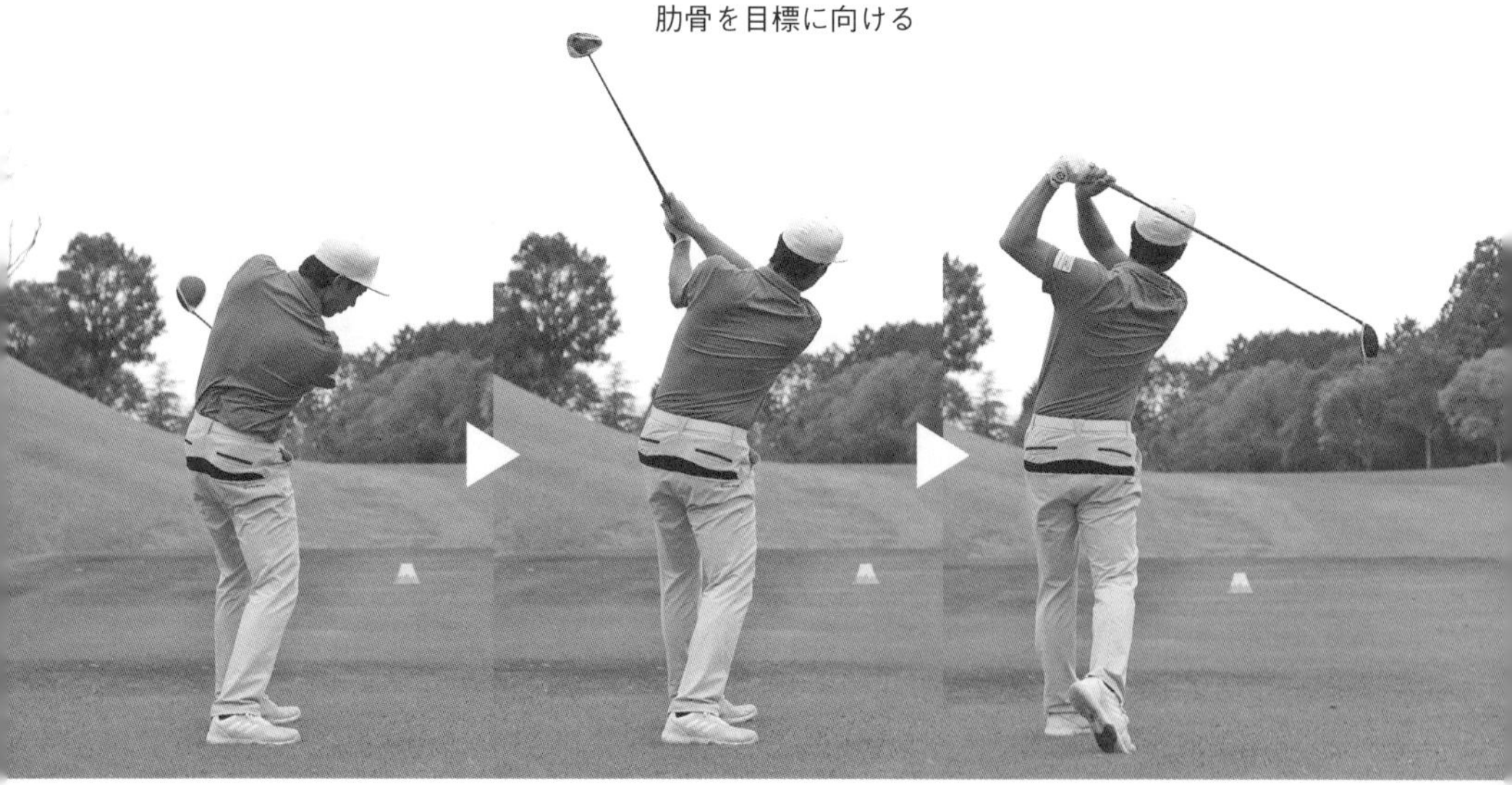
肋骨を目標に向ける

シャットに上げてオープンに下ろせば

フェースをボールに
向けたままシャット
に上げる

クラブが反転して
フェースが閉じてくる

右足体重でインパクト

ヒッカケ、ダフり、トップを止める！

スライスを嫌って引っぱり込んだり手を返すとヒッカケる

左に飛び出した打球がそのまま左へいくのがヒッカケで、多くはスライスを嫌ってインパクト～フォローでクラブを左に引っぱり込むように動かす、または、ボールをつかまえようと手を返す動きが原因で起こります。

これらはいずれも自分の力だけでボールを打とうとして出る動きです。極端にいうなら、クラブを自分の方向に引っぱりながら打っています。スイングではこのような力の出し方が必要な局面もありますが、終始この力で振るのはＮＧです。

スイングはクラブという道具が介在する運動です。しかもクラブは重心がズレていたり、長くてしなったりと特殊な性質を持ち合わせており、それによって自力を上回るパワーが得られます。ですから、クラブの特性を生かす力の使い方も必要になる。スイング中にその切り替えが行われればヒッカケはなくなります。

つかまえにいって
フェースが閉じる

手を使ってフェースを閉じる（左）。体全体でつかまえにいく（右）

トップ
ダフり
伸び上がってトップ
突っ込んでダフり

上体が突っ込むとダフりやすく（右）、伸び上がるとトップに（左）

切り返しの前と後で使う力を変える

スイングは求心力（先端から中心に向かう力）と遠心力（中心から先端に向かう力）のバランスで成り立ちます。ヒッカケたら、切り返し以降でクラブに引っぱられるイメージをもってください。そこに求心性が加わるとクラブと体が引っぱり合う格好になり、クラブが反転してボールがつかまります。

体を開く方向に
使われる力

中心から先端に向かう遠心性に偏ると体が開く

体を閉じる方向に
使われる力

先端から中心に向かう求心性に偏ると体が閉じる

バックスイングは
求心性によってク
ラブを引っぱり上
げていい
バックスイングではク
ラブを引っぱる

ダウンスイング後はク
ラブに引っぱられる
切り返しでシフト
チェンジ。遠心性
で引っぱられなが
らクラブが下りる

イメージ

クラブと体が引っぱり合う関係になる

クラブと引っぱり合うスイングを

クラブを引っぱりながら上げてもいい

切り返し以降はクラブに引っぱられるようにする

フェアウェイウッドのミスは体の右サイドで直す

フェアウェイウッドで多く見られるミスは、ボールをつかまえようとヘッドを上から入れて飛ばなかったりダフる、また、飛ばそうとして体が伸びたり開くことで起こるチョロやスライスです。

これらのミスは体の右サイドにひと工夫すると防げます。

飛ばない、あるいはダフる場合、ダウンスイングで体が突っ込んでいます。これにはアドレスで右つま先を開き、左太ももを外側に捻っておく対策が有効。右の骨盤が突っ込まなくなって横から払うように打てます。

チョロやスライスについてもアドレスをチェック。真っすぐ立つような構えになっていたら上体を右にチルト（傾ける）しましょう。ダウンスイングでその体勢を再現するように振ると骨盤が前に出る伸び上がりを防げます。

突っ込むミスは骨盤が左に傾くのが原因
右つま先を開くと突っ込まない

右つま先を外に向け、左太ももを外側に捻っておくとダウンスイングで突っ込まない

右にチルトすれば右肩がかぶらない
アドレスで右にチルトしないと起き上がる

アドレスでは右にチルト。インパクトまでこの体勢をキープする

つま先と骨盤を開いて打てばヒッカケない

ヒッカケやザックリ気味にヘッドが上から入るミスを止めるには、両つま先を開き、骨盤を開く構えが有効です。ミスの原因は、インパクトからクラブを左に引き込む、あるいは手先でつかまえようとすること。こう構え、ベタ足でスイングすると、動くべきところだけが動くようになります。また、フォローからフィニッシュで左ひじを早く曲げるとボールがつかまります。

ヒッカケの原因

右肩が
かぶって
左に引き込む
手首を使って
ボールをつかまえる

両つま先を開いて
股関節を開く

左右のつま先を外側に向けて構える

打ったら左ひじを
早く曲げる

エラー動作が入らずスピーディーに
振れる

Menu1

“割り身”の姿勢から右手一本で振り下ろす

1
右手でクラブを持ち、左太ももを外に捻って“割り身”の姿勢からバックスイング
インパクトに向かって振り下ろす

2
1と同様に割り身からバックスイング
クラブを振り下ろし左手と合わせてインパクトの形を作る

Menu2

長尺パターのグリップでスイングする

1

長尺パターでアンカーリングするように(136ページ参照)、左手を逆手、右手は上から添えるようにクラブを持つ

2
アンカーリンググリップのまま、右にできるだけ大きく体を捻ってバックスイング

3
クラブを寝かしながら体を左に回してダウンスイング

4
クラブと体をヨコの関係にしたまま振り切る

Menu3

切り返しの前と後で左右の握り方を入れ替えて振る

1
Menu 2の練習と同じようにアンカーリングスタイルで大きくバックスイング

2
切り返しで左手を順手に持ち替え、右手を左手に寄せながらダウンスイング

3
流れを止めず普通のグリップでインパクトからフィニッシュへ

Menu4

インパクト後にクラブをタテに振る

フォローからフィニッシュで左肩でクラブを担ぐようにする

左ひじを曲げることでタテに動いたクラブを背後におさめる

さなくても球はつかまる

POINT 3

前傾したまま体（肋骨）を左に回すだけ

- クラブを寝かせるイメージで手を低い位置に下ろす

- 当てにいかずしっかり左に回転する

- 右足に体重を残しベタ足で打つとミートしやすい

POINT 4

求心力だけでも遠心力だけでもエラー動作が起こる

- バックスイングではクラブを右に引っぱる

- 切り返し以降でクラブに引っぱられるイメージをもつ

- クラブと体が引っぱり合う関係を作る

ドライバー&
フェアウェイウッド
の
まとめ

自分でフェースを返

POINT 1

右手のひらを下に向けて テークバック

● シャットフェースでテークバック

● テークバックでヘッドは真っすぐからややアウトに上がる

● フェースを開きながらインに引かない

POINT 2

斜めの棒を斜めに振る

● クラブの反転作用を引き出す

● ライ角通りに構えてライ角通りに振る

● クラブの使用条件が満たされるとインパクトでフェースが開かない

ドライバー&フェアウェイウッドのまとめ

POINT 5

FWのミスはアドレスをチェック

● 突っ込んだら右つま先を開き、左太ももを外側に捻っておく

● チョロやスライスが出たら上体を右にチルトすることを意識

POINT 6

FWのヒッカケやザックリは両つま先を開く

● 両つま先を開いて股関節を開く

● ベタ足でスイング

● フォロー～フィニッシュで左ひじを曲げる

PART2

グリーンの30ヤード以内に運ぶアイアン編

ダフリ、トップを止める！

タイミングがとれる力感で振り、クラブの反転を促そう

アイアンの悩みでもっとも多いのは、ダフリ、トップ。続いて、飛ばない、長い番手でボールがつかまらず短い番手でヒッカケる、といった感じだと思います。いずれの場合にも共通するのは、ハンドファーストで打てていないこと。このパートでは、まずその部分を修正し、次にラウンドでよく遭遇する状況でミスしないためのポイントを紹介していきます。

はじめにやっていただきたいのは、打つ前にターゲットを明確にすること。アイアンはコントロールが命ですから、目標に向かって打つ意識が欠かせません。ミスの主因は、ボールにばかり集中して上体が突っ込んでダフる、飛ばないからとボールを上げにいってトップするなど、自分のことばかり気にして力が入り、タイミングよく振れないから。特に練習場で打てるのにコースで打てない人はこの傾向が強いと思います。

ボールに集中し
すぎ突っ込んで
ダフる

しっかり打とう、ちゃんと当てようとボールを意識しすぎると、力が入って上体が突っ込みダフる

ボールを上げようと
してヘッドアップ

飛ばそう、あるいはボールを上げようとすると、体が早く起き上がったり、ヘッドアップしてトップに

右に側屈しながら ダウンスイング〜インパクト

地面にあるボールを打つアイアンでは、斜めのクラブを斜めに振る、つまりライ角通りに振ることがより重要です。あらゆるミスは、それができないために起こります。

ということで、アドレスするときには右手でクラブを持ち、フェースを目標に向けてライ角通りにソールしてクラブとボール、地面との位置関係を変えないように努めましょう。

こうすると必然的に上体が右に傾きます（チルト）。さらにチルトしたままインパクトの形を作ると自然にハンドファーストになります。スイングでもこのようにできればダフリやトップはなくなります。

右にチルトして
ターゲットを見る

右手でクラブを持ち、ライ角通りにセットしてアドレスへ。ここでターゲットへの意識を高める

ダウンスイングでキャスティングするのもチルトを保てない原因。キャスティングせず手を低い位置に保つ

インパクトで
右のチルトが入る

右にチルトしてインパクトの形を作るとハンドファーストになる

右骨盤をなるべく高い位置にキープする

上体を右にチルトすることを側屈といいます。パート1ではダウンスイングで右側屈が入るとクラブがインサイドから下ろせると話しましたが、それはアイアンでも同様。これによりクラブが反転しボールがつかまります。

効率よく右に側屈するには、切り返しからダウンスイングで右の骨盤をなるべく高い位置にキープすることです。クラブは倒して構いません。

こうすると右肩と右骨盤が近づいて側屈し、クラブがアウトから入らなくなってハンドファーストのインパクトになります。

右わきが縮んだ形からインパクトへ

切り返しで右わきを縮め、右つま先を左に向けながらダウンスイングするイメージ

右側屈と骨盤の高さで
体の右サイドを圧縮

この体勢がダウンスイングへの“入りの姿勢”になる

リバースピボットで
右→左とターンするイメージ

右つま先を左に向けながら左に回転
右足を着地
フォローでは右足軸で左にターン
フィニッシュでは左足体重

バックスイングで右足、切り返し以降で左足に体重を移動するといわれますが、逆にバックスイングで左足体重、切り返し以降で右足体重に（リバースピボット）すると右わきを縮めてインパクトに向かえます。

右足を上げたら右の骨盤を引きつけ、つま先を目標方向に向けながら右足を着地、体全体を左に向けるイメージをもちましょう。

右足を上げて
バックスイング
右の骨盤を引きつけながらダウンスイングへ
右足体重でクラブを下ろす
体を左に向けながら振る

左に側屈しながら
肋骨を右に向ける
体重は左足に
残していい

左足に体重が乗る
のはインパクト後

手首を返さなくても
クラブが反転する

右骨盤の高さを変えないように切り返す

クラブは７番。ボールは真ん中でややハンドファースト
テークバックはややアウトにクラブが上がる感じ

右骨盤の高さを保って切り返す

右足に体重を乗せながら右側屈する

動く

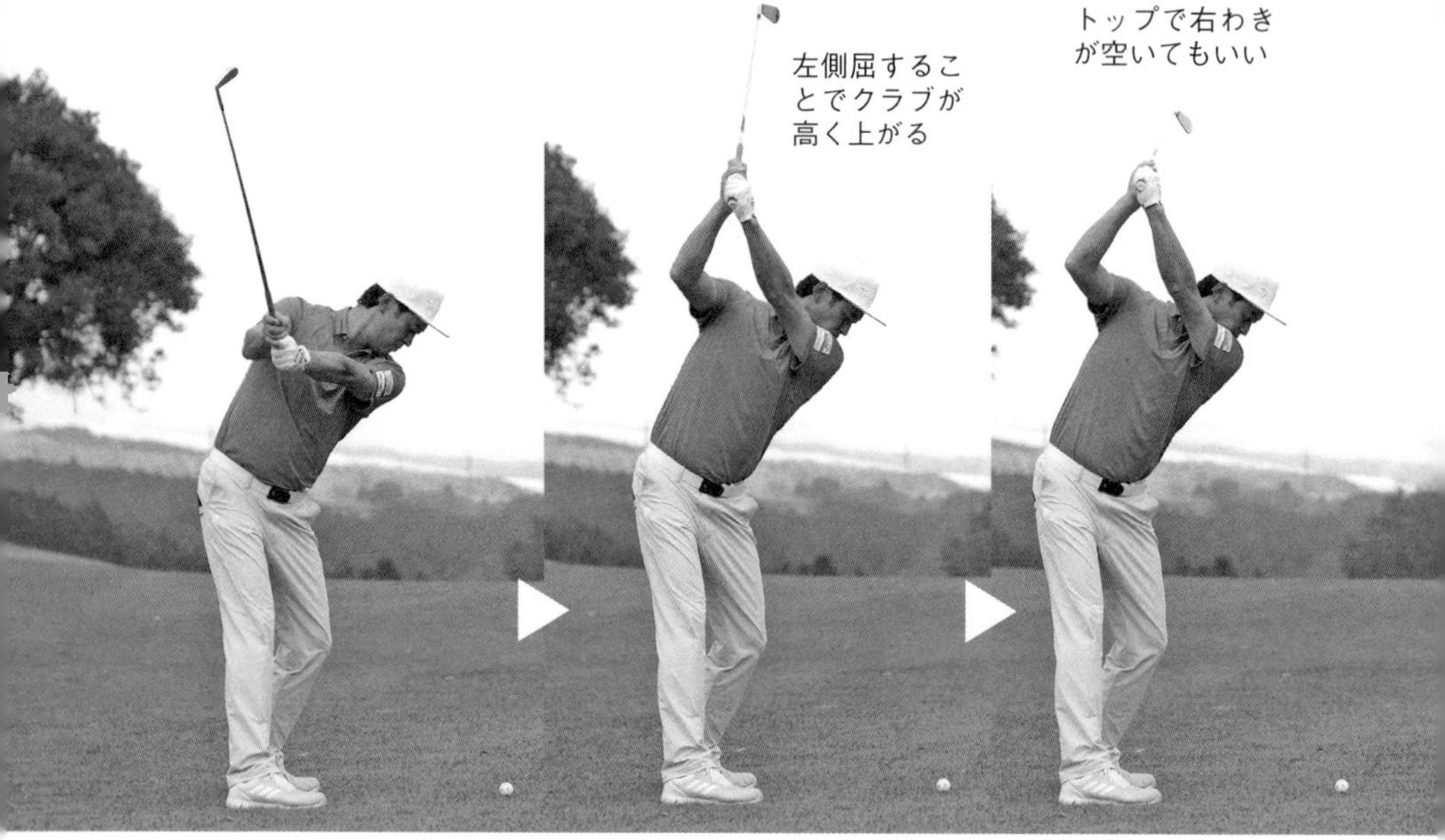
左側屈することでクラブが高く上がる
トップで右わきが空いてもいい

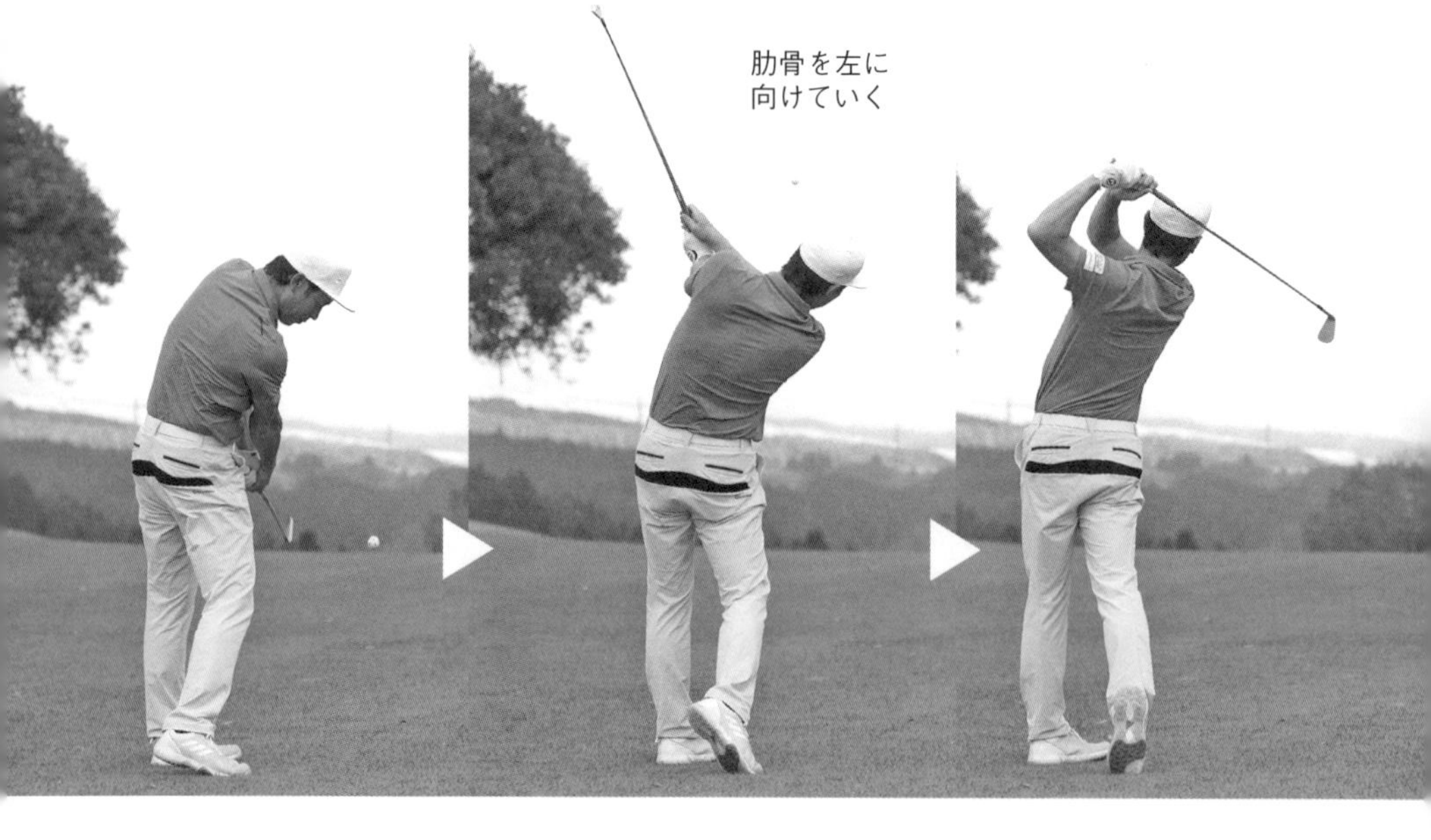
肋骨を左に向けていく

右に側屈すればライ角どおりにクラブが

動きやすい角度に
骨盤を前傾
手は使わず肋骨を
右に向けていく
右骨盤の高さを
キープ
体重は右足に乗る
右側屈を入れて
インパクトへ

長い番手で右に飛ぶ……

左つま先を目標に向けた構えでスイング

長い番手はロフトが立ってボールがつかまりづらいので、当てにいっても飛ばそうとしても右に飛びます。ポイントは力を抜くこと。タイミング重視で素振りをし、クラブが反転するのを感じたら、その力感で打ちましょう。

うまく打ちたいと思うほどボールに意識がいって突っ込みますから、打つ前に必ずターゲットを意識すること。ピンを向いてクラブの反転を感じる素振りをするのがおすすめ。左つま先をピンに向けて目標方向に振り抜きましょう。

当てようとして
手打ちになる
当てにいくと手打ちに。手首を返すとヒッカケる可能性もある

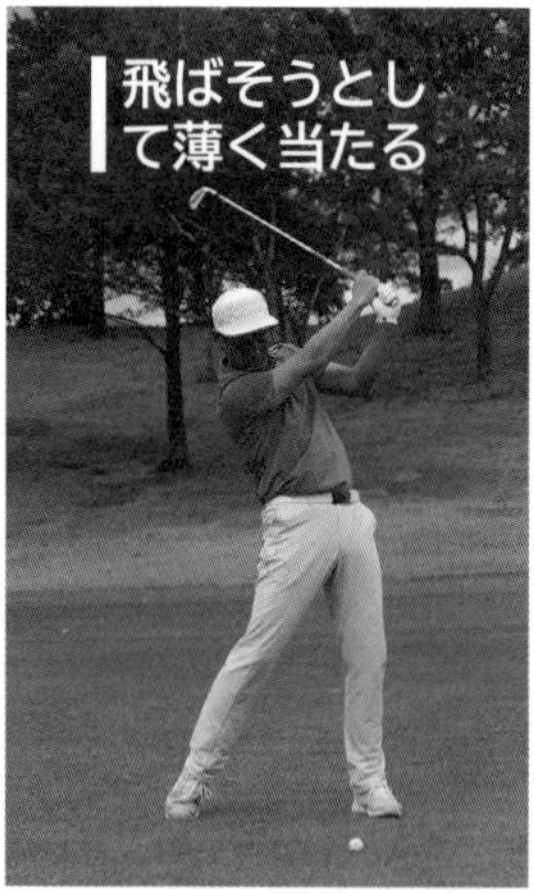
飛ばそうとし
て薄く当たる
飛ばしにいくと骨盤が浮き、手が前に出てフェースが開いて当たる

右つま先はターゲット
ラインに対して直角

右足はスクエア、左つま先を目標に向けたスタンスでアドレス

打つ前に目標を
見て素振をする

目標を見ながらクラブを感じる力感で素振り。クラブが反転するのを感じよう

短い番手でヒッカケる……

手首を使わず**体の回転**で打つ

手首を交差させて
ヒッカケる

体が止まって手首が返るとヒッカケて左に飛ぶ

フェースを開いた
まま打つ

ボールに合わせにいくとフェースが閉じずに右に飛ぶ

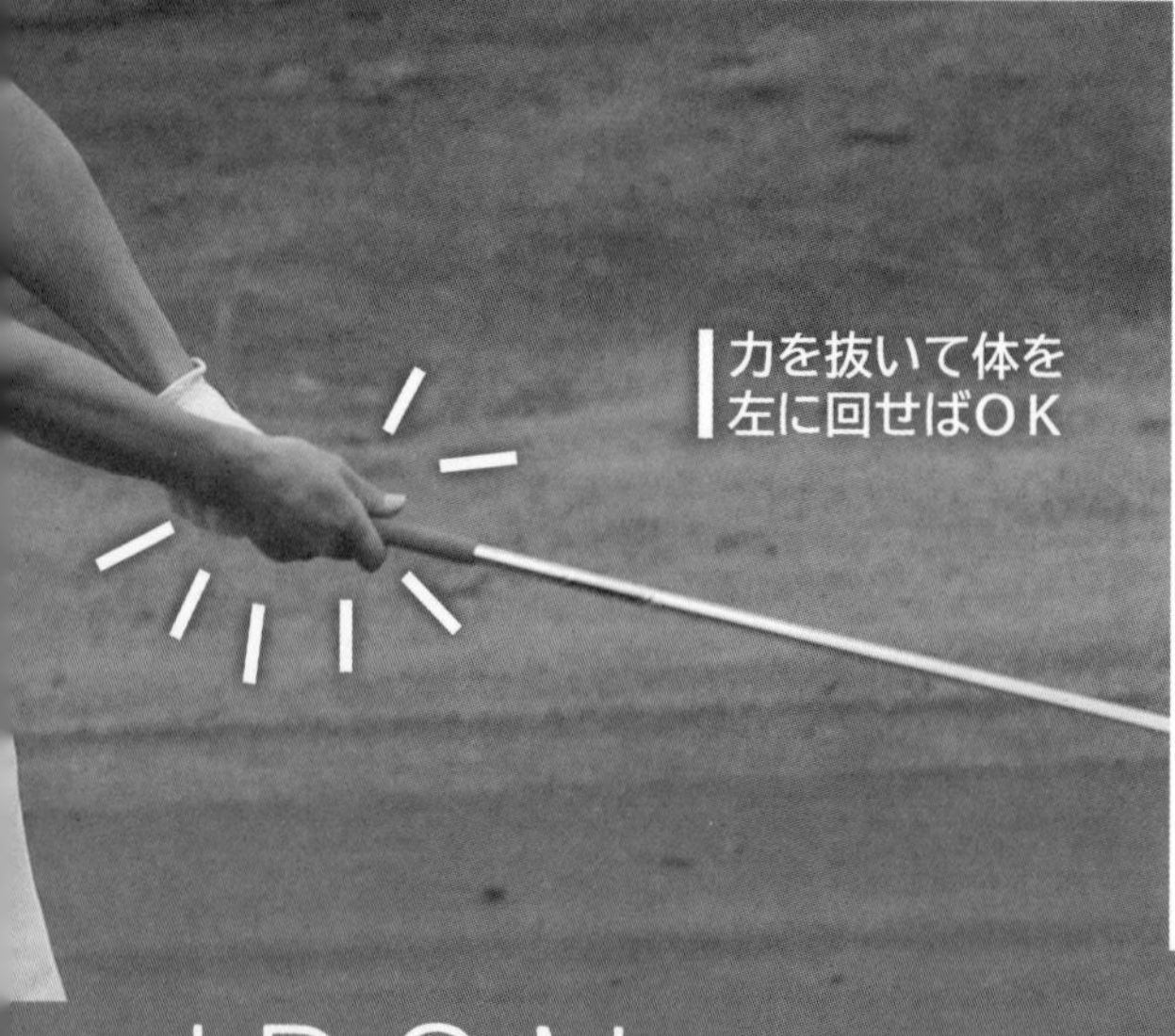
力を抜いて体を
左に回せばOK

コントロール重視でラインを出す感じのショットになり、体の回転が止まって手が返るのがショートアイアンでヒッカケるおもな原因です。また、距離ギリギリの番手でフルスイングすると薄く当たって右に飛んだり、シャンクすることもあります。

対策は、手首を使わず体の回転で打つこと。ロフトがある分ボールはつかまりやすいので、肋骨が右から左へ向く動きに腕が連動すれば大きく曲がりません。また、その日の傾向によって左右どちらかに飛びやすいので、ピンを真っすぐ狙わないこと。傾向やピン位置に合わせてイメージを変え、ドローやフェードで狙うようにしましょう。

手首を使わず体のターンで打つ。体と腕が連動してすると肋骨が左を向きフェースがターンしてボールがつかまる

ラフでのダフりを止める!

フェースを開きクラブを短く持って オープンに立つ

ラフからは、フライヤーを含むスピンがかからないことによる飛びすぎと、芝の抵抗によるショートが問題になります。でも、スピンはコントロールできないので、芝の抵抗を和らげるセットアップ、すなわち、番手を上げ、短く持ち、フェースを10度ほど開いて構えます。

10°
フェースを10度くらい開く
ボールの位置は真ん中。フェースを開き、オープンに構える
飛ばないのでクラブは1番手上げる

これくらい短く持つ

スイングでは芝を刈るイメージで、トップに向かってフラットにクラブを上げます。ダウンスイングもヨコ振りで入射角を緩やかにしましょう。フェースを返す必要はありません。フェースの向きを変えずに肋骨を左に向ければＯＫです。

トップはフラットに上げる

フェースの向きは変えず肋骨を左へ回そう

芝を刈るイメージでスイングするとトップはフラットになる

左足上がりからのヒッカケ&トップを止める！

オープンに立って肩のラインをターゲットに向ける

左足上がりは肩、腰、ヒザのラインが斜面と平行になるように立って右足体重にします。次にスタンスだけオープンスタンスに、肩のラインおよびフェース面は目標を向けましょう。オープンスタンを

オープンはスタンスラインだけで肩のラインはスクエア

オープンに立ってフェースを目標に向ける

ス&クローズショルダーと覚えてください。

スイングでは体重移動を意識せず傾斜と平行に体を回します。インパクト～フォローでは右足一本立ちで体が左に向くように動きます。タテ振りのイメージでヘッドを上から下ろすとヘッドが刺さって回転が妨げられてしまいます。

ボールを上げようとしたり斜面にぶつけるように振るとトップやダフりになる

右足一本立ちで左に回る

インパクト～フォローでは右足一本立ちで体が左を向くように動く

振り出す

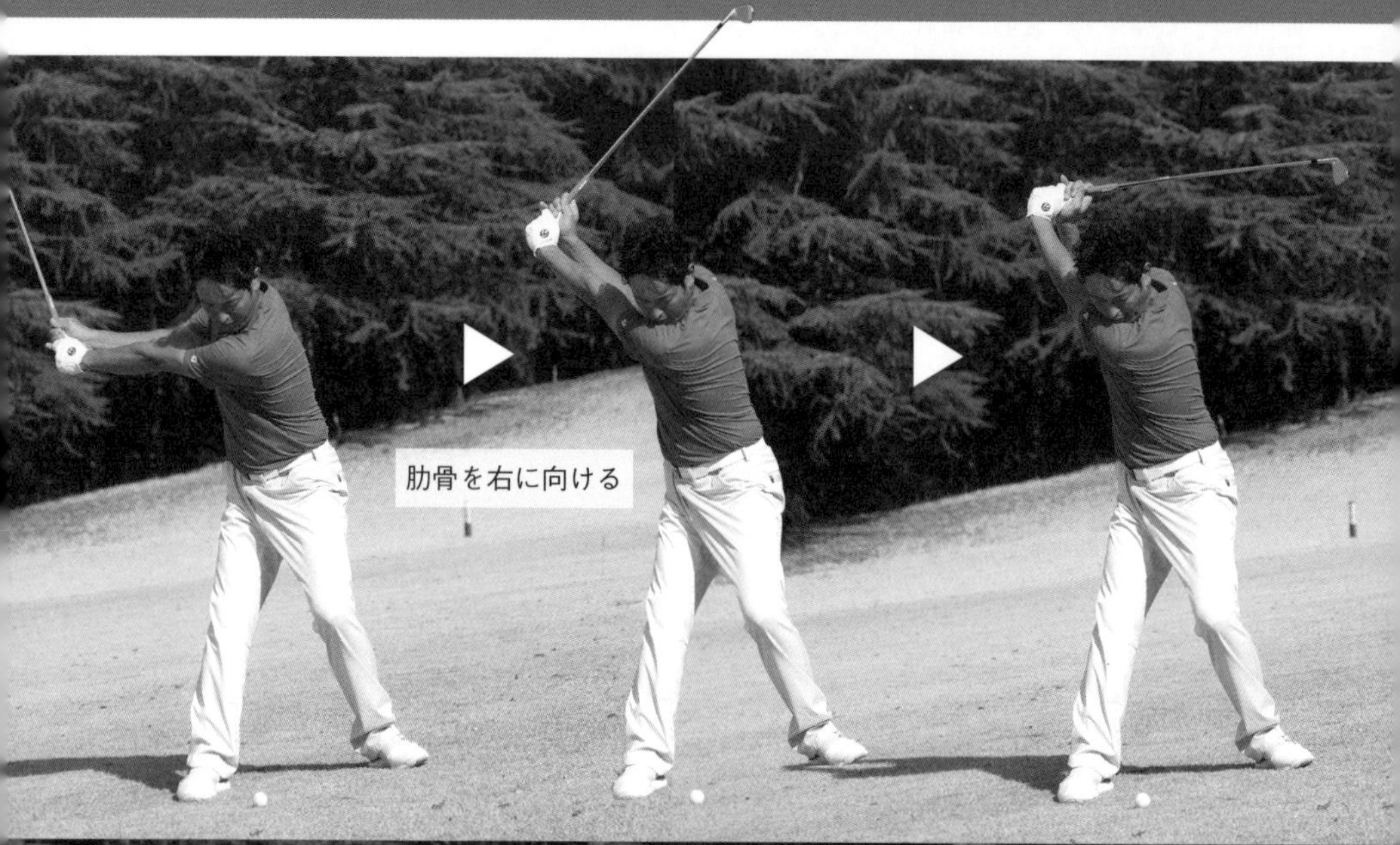
肋骨を右に向ける

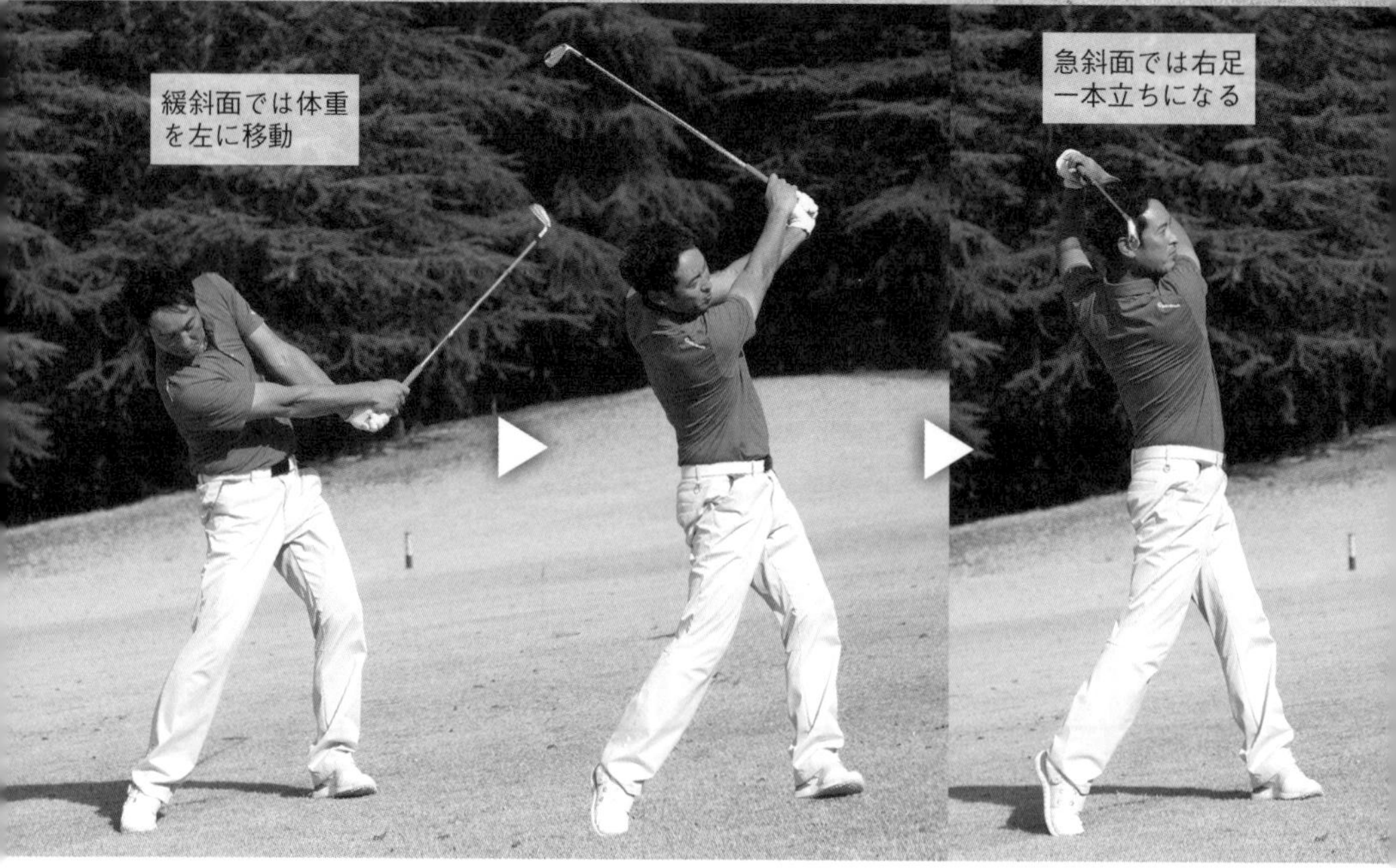
緩斜面では体重
を左に移動
急斜面では右足
一本立ちになる

アドレス時の右足体重を保ち目標方向に

オープンスタンス＆
クローズショルダー
でアドレス
右足体重で傾斜に
沿ってテークバック

傾斜なりに下から
上に振る

左足下がりからのダフリ&トップを止める!

クローズに立って フェースターンを抑えて打つ

クローズスタンス&オープンショルダーが左足下がりの構えです。フェース面と肩のラインを目標に向け、スタンスラインだけクローズにします。傾斜と平行に立つので左足に体重がかかります。

ボールの右側が高いためクラブを上から入れるとダフります。切り返し以降でクラブを倒すイ

スタンスだけクローズにしてフェースを目標に向ける

ボール位置が左寄りに感じる

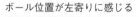

メージをもって傾斜と平行に体を回しましょう。フェースを返す必要はありません。

左足下がりで上半身が左に傾いているとインパクトで胸が上を向きやすいですが、クローズに立つと左足でスイングを支えられるので下半身に対して肋骨を水平に動かせます。

×
ボールが右にあるとミスしやすい

斜面に沿って振れるとかなり体が傾く感じがする

フェースを返さず
斜面に沿って振る
クラブをヨコに使う意識をもつとヘッドが低い位置からインパクトへ向かってダフらない

対して胸を水平に回す

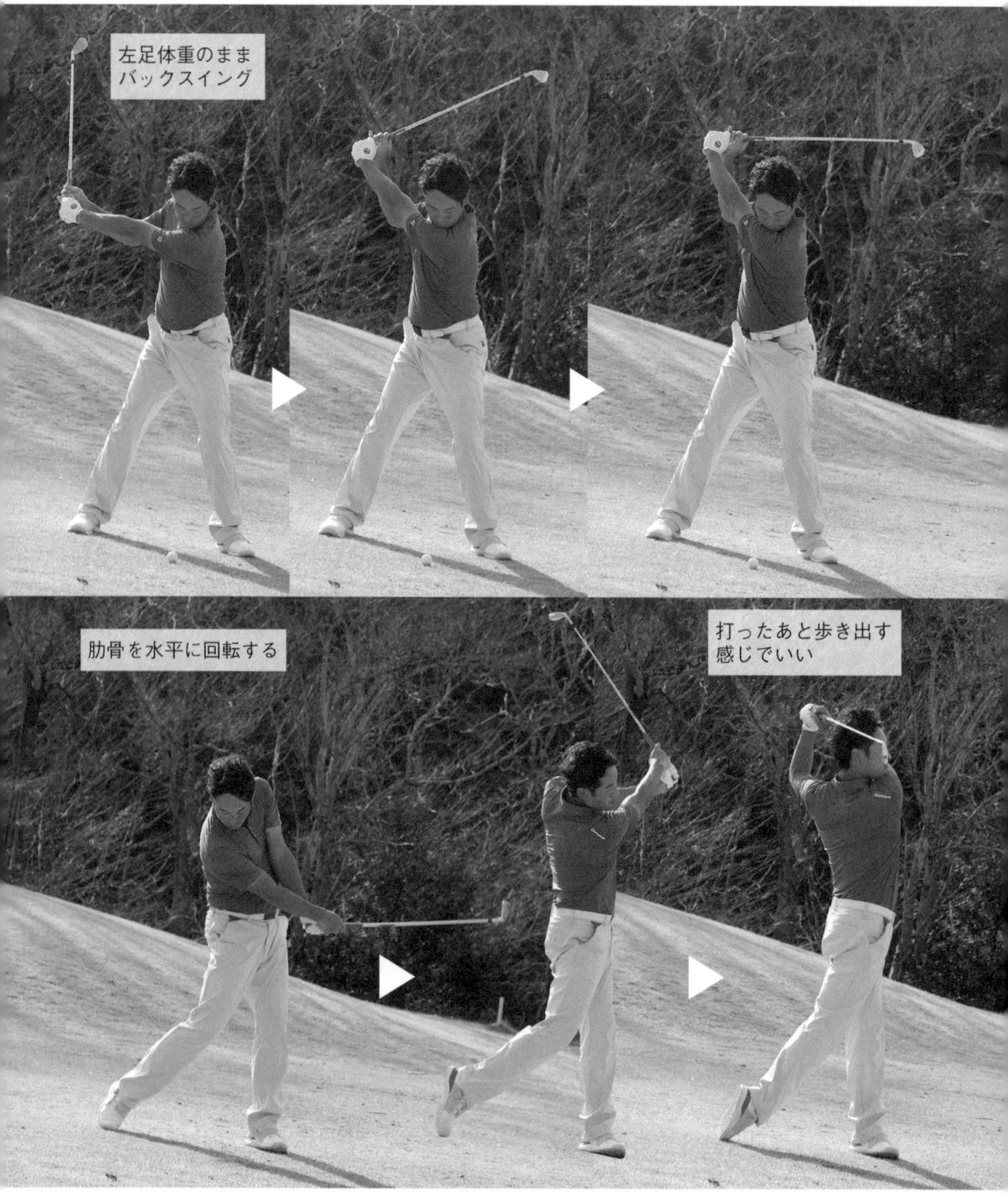
左足体重のまま
バックスイング
肋骨を水平に回転する
打ったあと歩き出す
感じでいい

左足で体を支え左傾をキープ。下半身に

クローズスタンス＆
オープンショルダー
で構える
切り返し以降でクラ
ブを倒すイメージ
傾斜と平行に体を回し
フェースは返さない

つま先上がりからのヒッカケを止める！

フェースを開き、ひじを水平に保ってスイング

つま先上がりでは目標の右を向いてフックを打つ方法と真っすぐ向いて打つ方法がありますが、前者は斜度や番手によって右を向く度合いが変わるので後者がおすすめです。

目標を向いて打つにはフェースを開くこと。正面が高くてボールが近い分クラブを短く持ち、上体は多少起こして構えます。

スイングのポイントは手打ちにならないこと。腕を使ってフラットに振るとシャンクのリスクが高いので、両ひじを軽く体につけ、両ひじの高さを保って水平に振ります。左ひざを目標方向に向けるように振るといいでしょう。大振りできないので番手は上げる。その際はフェースの開き具合も少なめにしましょう。

フェースを開くが肩のラインはスクエア

フェースは開きます

フェースを開けば目標に対してスクエアに構えられる。クラブは１～２番手上げる

左ひざを目標
方向に向ける
ように振る

×
バックスイングで左ひざをゆるめない

バットを振るイメージでクラブをヨコに振る。左ひざを目標に向けながら打とう

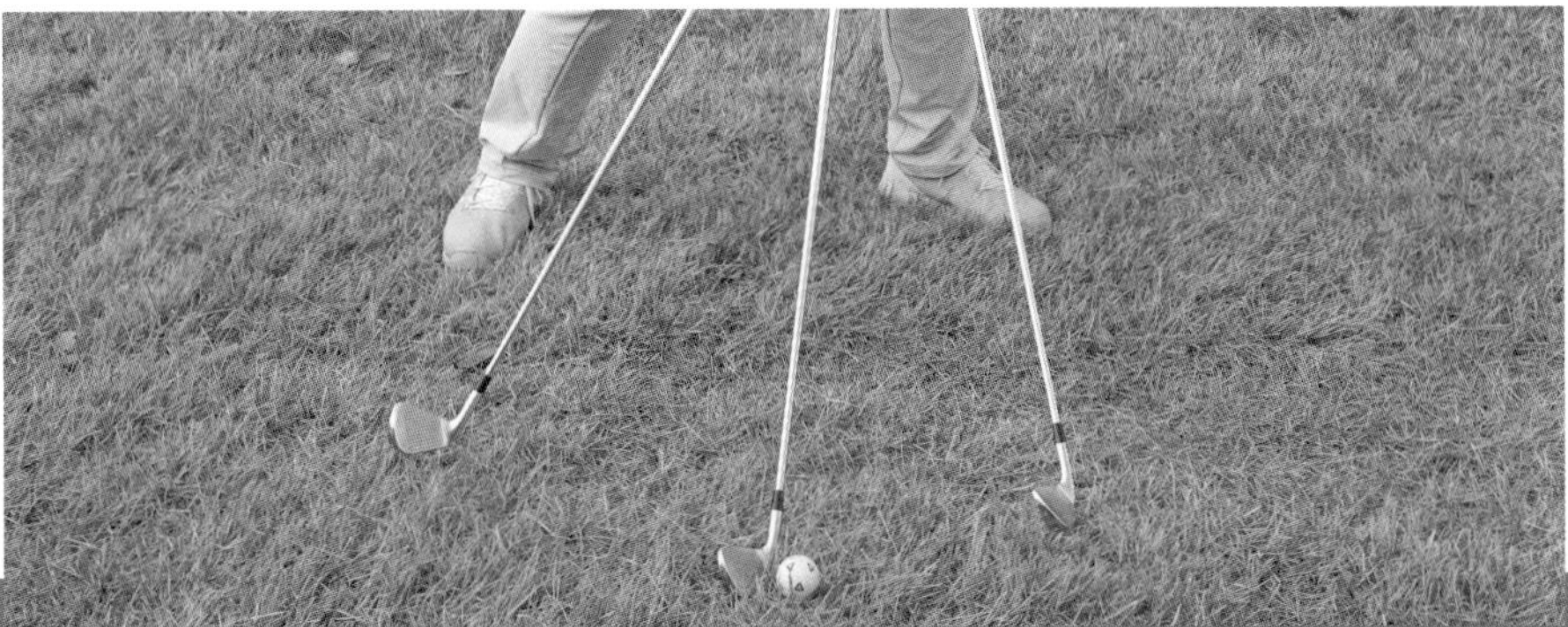

体のターンに合わせてフェースがターン。手は返さない

トップはコンパクトでいい

左ひざを目標方向に向けるように

両ひじを水平に動かすイメージで振る

フェースを開き目標を向いて構える
クラブを短く持ち上体は多少起きる
両ひじの高さを保って水平に振る

つま先下がりからのシャンク&ヒッカケを止める！

左足上がりの感じになるまでオープンに立つ

フェースを開いたら、左足上がりになるよう左を向く

ライ角を傾斜に合わせる

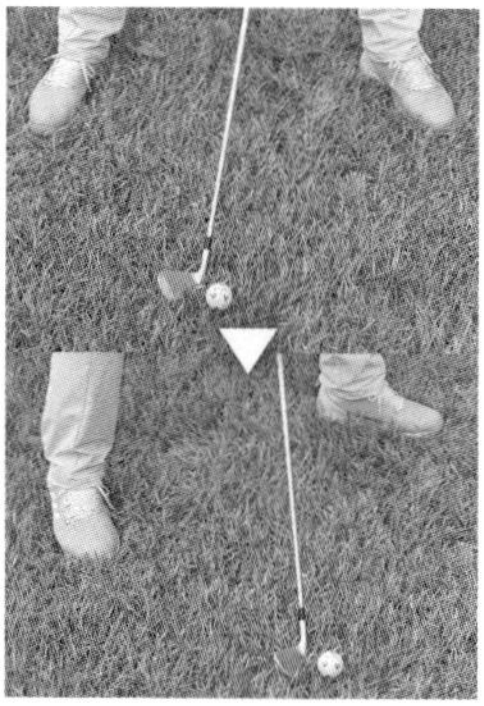

普通に構えるとトゥが浮くが、フェースを開くとライ角を保ってソールできる

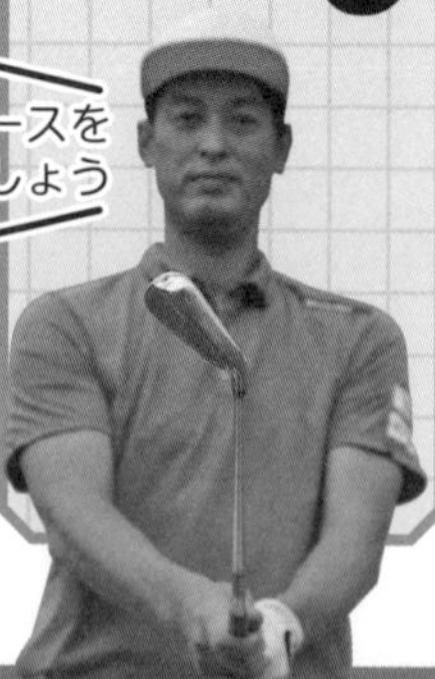
フェースを
開きましょう

普通に構えるとトゥが浮き、ソールすると手元が浮く、クラブにとって最も構えづらいライです。解決策はフェースを開くこと。ヘッドが寝て傾斜にフィットしたら目標に向くまでフェースを左に向けます。これに合わせて構えるとスタンス、体ともオープンになり、つま先下がりが左足上がりになります。

逆にいえば左足上がりになるまでオープンにするのがポイント。こうすればスイングは左足上がりと同様です。この場合、かなりフェースを開きますからクラブは2番手上げましょう。目標の左（向いている方向）に振り抜きますが、目標に向かって高い球が打てます。

ダウンスイングで
クラブを寝かせる

ダウンスイングでクラブが寝るとヘッドが低く入る。あとは体をしっかり回すだけ

下半身は使わない
イメージで
打球はかなり
高くなる

目標の左に振り抜いて高い球を打つ

フェースを開いて左を向く
左足上がりと同じように動く
向いている方向に振り抜く

Menu1

手元を下げて振り、ヒールから着地させる

アイアンのミスはインパクトでトゥ側が下がる「トゥダウン」によるものがほとんど。いいかえればライ角通りに当たっていないので、そうならない練習が必要です。

ポイントはダウンスイング~インパクトで手元を左ひざまで下ろすこと。こうするとハンドファーストになり、ヘッドがヒール側から接地してクラブが反転します。はじめはダフるかもしれませんが練習なのでOK。ダフっているとクラブは反転していません。

キャスティングや腰が開くとトゥダウンが起こる

手元を下げてハンドファーストに振れるとヒール側から接地してクラブが反転する

左ひざまで手元を
下げてスイング

インパクトが自然にハンドファーストになる

手が前に浮くとクラブが反転しない

クラブはヒール側から接地するのが正解

ダウンスイングで
クラブを放し右に落ちればOK

体の前にクラブが落ちたら
正しく振れていない

フィニッシュへ

手首を返すとヘッドが低い
位置に抜けてしまう

Menu2

クラブが右サイドに落ちるように右手一本で素振り

右手一本でアイアンを持ち、左つま先を外に向け、左太ももを外に捻っておきます。この体勢でクラブを振り、ダウンスイングでクラブを放します。クラブが右ヨコから後方あたりに落下すれば OK。これと同じようにショットしましょう。

右手一本で
クラブを持って
スイング

Menu3

左手一本でクラブを持ち、上に向かって大きく振り抜く

左手メインでスイングする感覚を養う練習。左手一本でクラブを持って振ります。ポイントはインパクトからフィニッシュの過程で左手を上に振って大きなアークを描くこと。左手の求心力がアップしてスイングが正しい軌道をたどります。

左腕を伸ばしクラブを引きつけるように大きく振り出して

斜めに振ることが重要

POINT 3

長い番手は目標を意識

● 左つま先を目標に向けて構える

● 打つ前にターゲットを意識する

● タイミング重視で素振りしてクラブの反転を感じる

POINT 4

短い番手は体の回転で打つ

● 肋骨が右から左へ向く動きに腕を連動させる

● 手を返さない

● ドローやフェードのイメージで狙う

アイアンのまとめ

斜めのクラブを

POINT 1

アドレスで右にチルトする

● フェースを目標に向けてライ角通りにソール

● アドレスで上体を右に傾ける（チルト）

● インパクトの形を作ると自然にハンドファーストになる

POINT 2

リバースピボットでターン

● バックスイングで左足、切り返し以降で右足体重

● 右サイドを縮めてインパクトへ

● 切り返しで右の骨盤を引きつけるイメージ

アイアンのまとめ

POINT 5

ラフはフェースを開き オープンに立つ

● 番手を上げてクラブを短く持つ

● フェースを10度ほど開いて構える

● フラットなトップからヨコから芝を刈るように振る

POINT 6

左足下がりは クローズに立つ

● クローズスタンス＆オープンショルダーでアドレス

● 左足体重で傾斜と平行に体を回す

● 左足一本立ちで振るイメージ

PART3

確実に2パット圏内に寄せるアプローチ編

当てにいったりボールの行方を気にするとミスになる

アプローチのミスは大きく分けて２つ。ダフりとトップです。ダフってヘッドが手前に落ちた場合、リーディングエッジが地面に刺さるケースとヘッドが地面にワンタッチするケースがありますが、ともにボールは飛びません。トップの原因はおもにすくい打ちです。

どちらのミスも、寄せようとしてボールに当てにいく、打球の行方が気になって早く体が起きてしまう、あるいはボールをクリーンに打とうとする、といったことが引き金になります。

フェースでしっかりボールをとらえようとしてヘッドを上から入れるとリーディングエッジが刺さってザックリに

手先で合わせに
いってワンタッチ

慎重になりすぎると当てにいく格好に。キャスティングしてヘッドが手前に落ちてワンタッチダフりになる

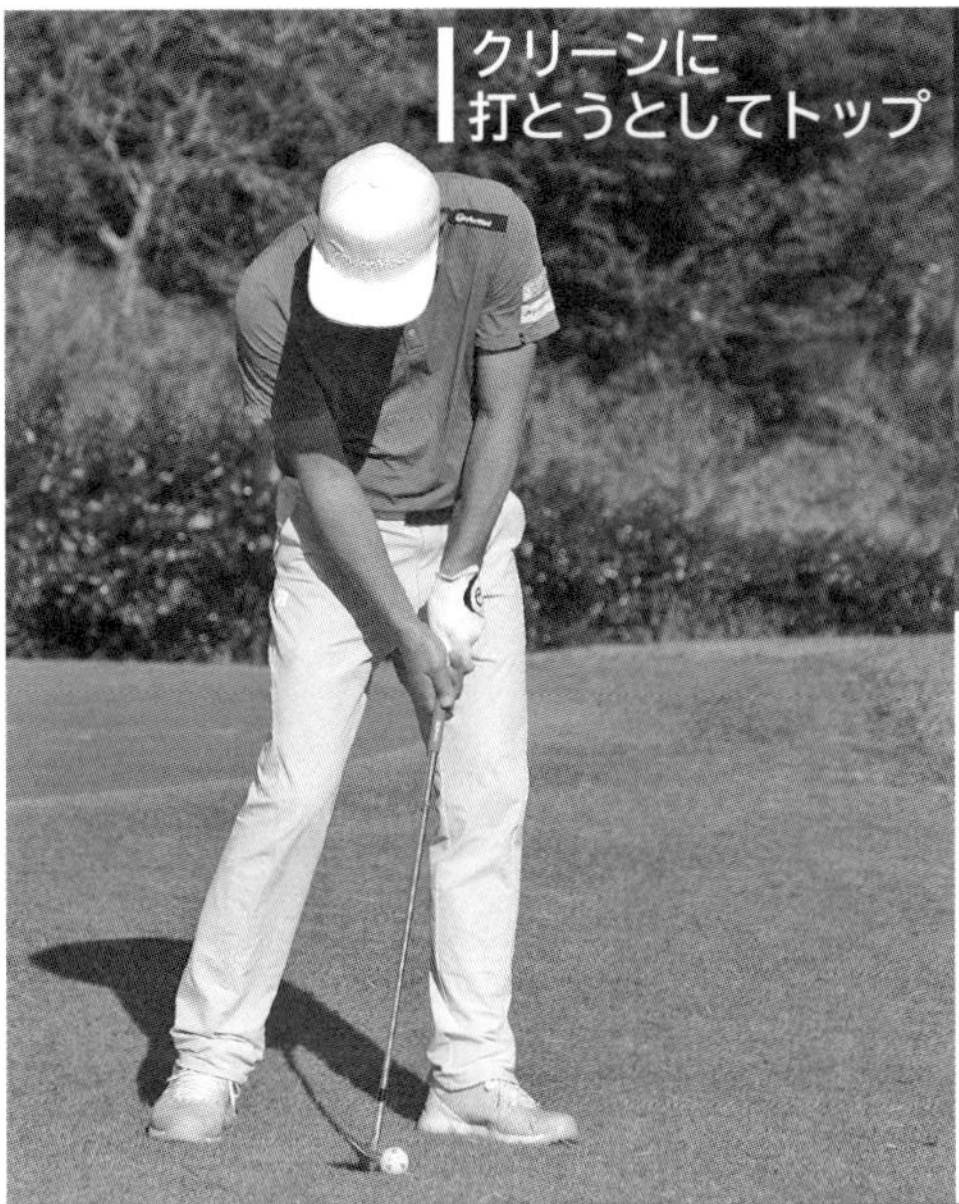
クリーンに
打とうとしてトップ

ボールと地面の間にきれいにリーディングエッジを入れようと振った場合、少しでもヘッドが浮くとトップに

ザックリ、トップをなくす！
アプローチを寄せるコツは正しくダフること

アプローチでトップは絶対ダメですが、ダフりは必ずしも悪くありません。むしろ正しくダフることが成功の秘訣です。

正しくダフるとは、バンス（ソール部分につけられた出っぱり）から地面にコンタクトすること。ヘッドが地面に刺さらないので、すくい打たない限り多少ヘッドが手前に落ちてもザックリしません。ボールだけクリーンに打つ必要も、ダウンブローに打つ必要もないのです。

バンスを生かして打つには、下半身の安定と肋骨や骨盤が回りやすいアドレスが必要になります。

TaylorMade
アプローチではインパクトの形がアドレスに近い
ボールの手前にバンスを落とせばいい

バンスから地面に接触させると、多少手前に落ちてもソールが滑って打てる

骨盤は立てても寝かせてもダメ

骨盤が水平でも動けない

骨盤を適度に前傾させておけば肋骨が左右に回りやすい

前傾が深いと肋骨が左右を向きづらい

右つま先を
外に向けておく

右つま先を外側に向け、左太ももを内側に捻っておくと骨盤が回りやすい

骨盤だけ左に向ける イメージで動こう

確実に2パット圏内に寄せるには、左足体重でストロークし、右足を左に引きずりながらインパクトに向かってもいいでしょう。右太ももを内側に捻ったまま動きます。こうすると骨盤が左に回ります。慣れれば右足を引きずらなくても骨盤が回るようになります。

ストロークのイメージは、足元ごと体を目標に正対させ、右手一本で持ったウエッジを、体の右サイドでゆっくり大きく右回りさせる動き。アマチュアの方のミスの多くは、クラブが左回りに動くことで起きています。

右足を引きずって
骨盤を左に
回してみる

右つま先を外に向け、右太ももを内側に捻ったまま骨盤を左に回して右足を引きずる

クラブを左回転させるとヘッド
がアウトから鋭角的に入る
体の右サイドで
クラブを右回転させる

クラブが右回転するイメージで振れればヘッドがインサイドから下りて入射角が安定する

回る

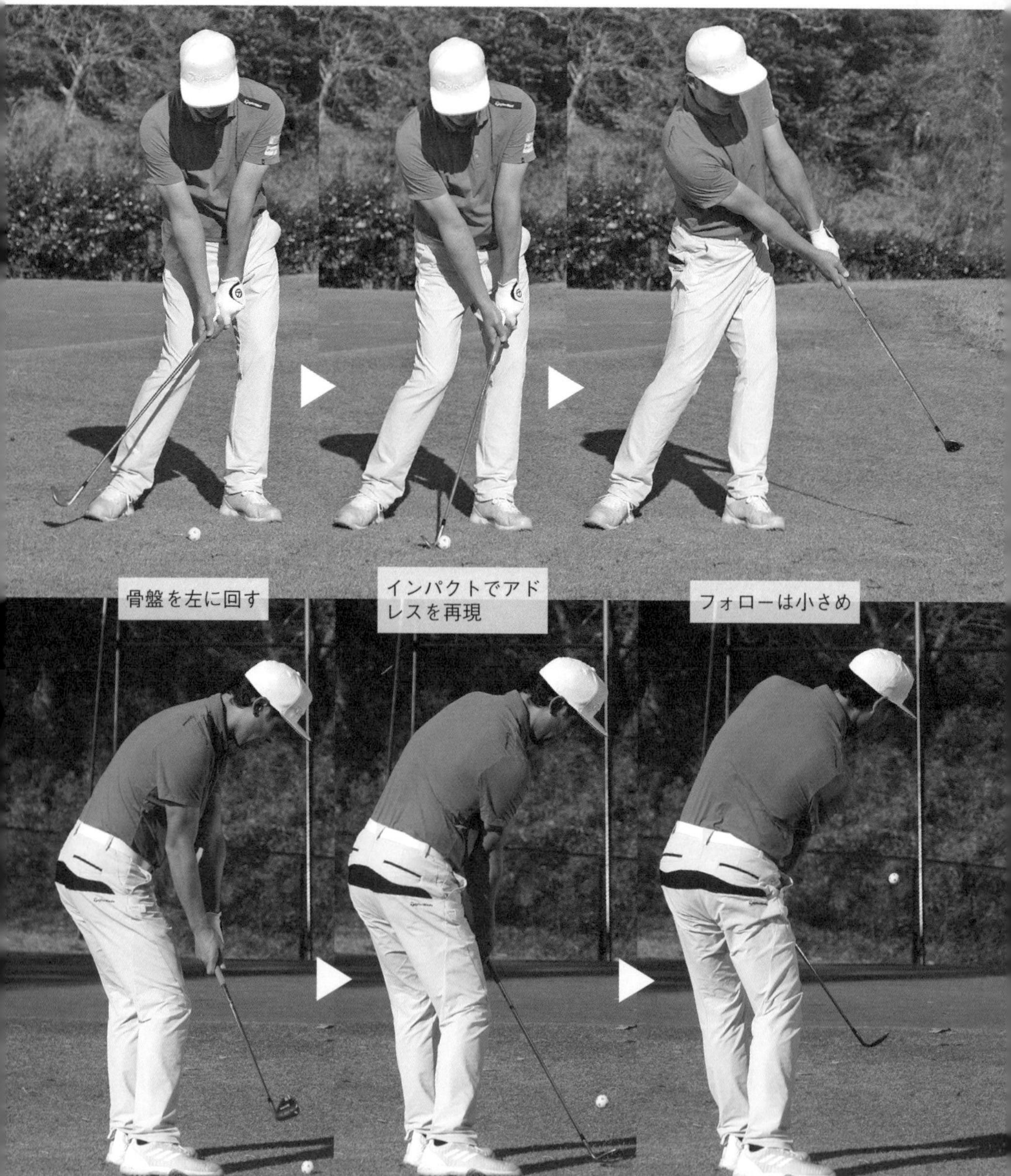
骨盤を左に回す
インパクトでアドレスを再現
フォローは小さめ

ダウンスイングで力が抜ければ自動的に

右つま先を外に向け、
左太ももを内側に捻る

テークバックは
インに引かない

トップの目安は
この高さ

ラフのダフり、トップをなくす！

開いたフェースを閉じながら打つ

ラフでは骨盤をしっかり回すのがコツです。回りやすいよう左右のつま先を外に向けて立ちましょう。フェースは開いて構え、閉じながら打ちますが、手先は使いません。基本的な動き方は通常のアプローチと同じ。骨盤を回せばフェースは自然に閉じます。

ラフでは芝の抵抗があるので

左右のつま先を
開いて構える

両つま先を開くことで骨盤が回りやすくなり、フェースの開閉を使って打てる

強めに振る必要がありますが、フェースを開いているので飛びません。バックスイングは大きくとりましょう。フォローは大きくとらなくても構いません。フォローは大深いラフではフォローが出せないこともよくあります

クラブの反転作用を使って開いたフェースを閉じながら打つ

バックスイングは大きく、
フォローは小さく

飛ばないセットアップなので大きくバックスイング。フォローは成り行きでOK

逆目のラフでのザックリをなくす!

ヒールを支点にフェースを開閉させて打つ

上から打ち込むと当てるだけになる

トゥを浮かせるようハンドダウンしてアドレス

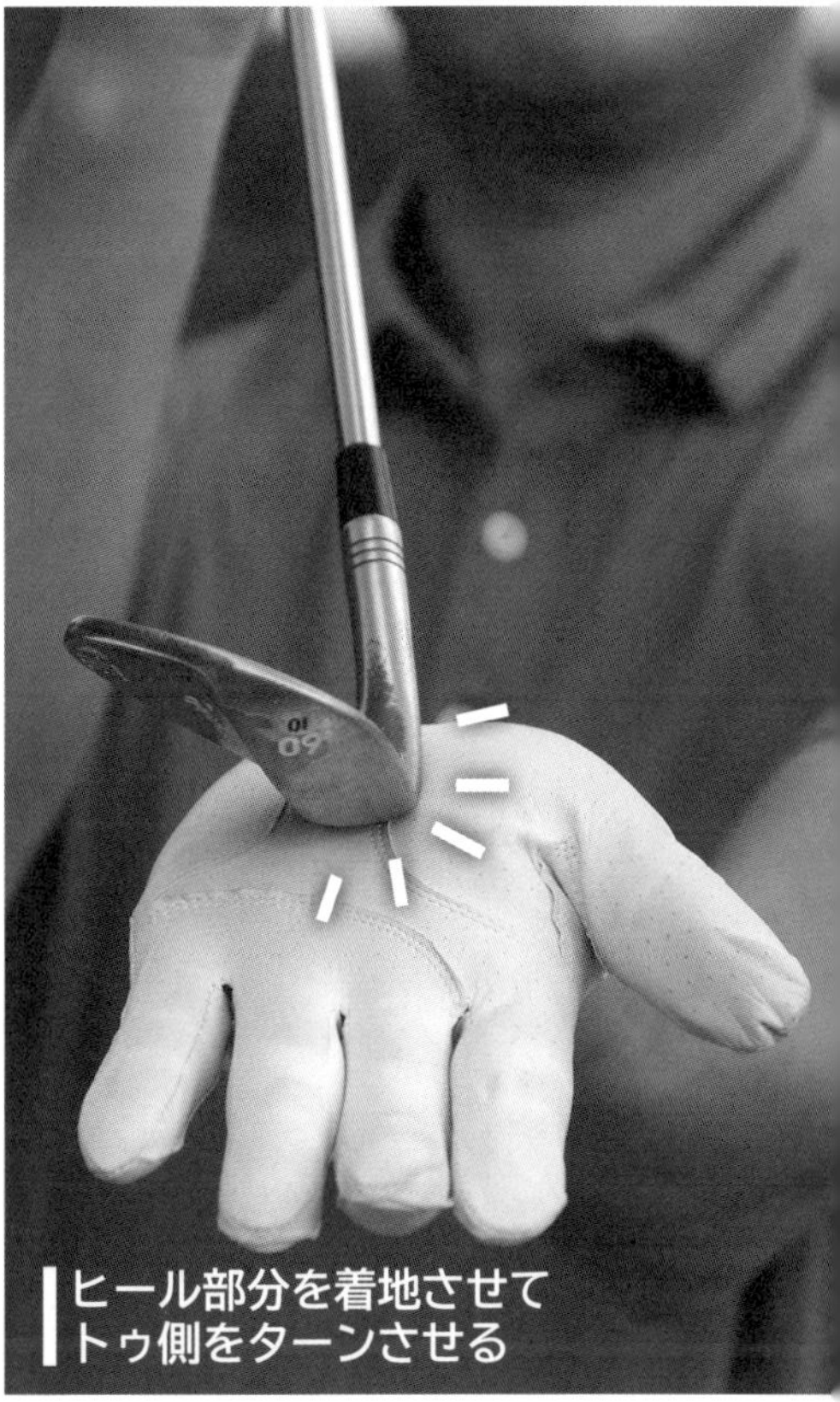
ヒール部分を着地させて
トゥ側をターンさせる
ヒールを支点にするとヘッドがクルっとターンする

ヘッドにブレーキがかかるほど抵抗がある逆目のラフでは、普通にフェースターンができません。そこでヘッドのヒールを支点にトゥをクルっとターンさせながら打ちます。

わずかにトゥを浮かせて打ちたいのでハンドダウンして構えます。この体勢でヘッドがインサイドから下りるとクラブの反転作用に加え、ヒールが支点になってトゥが返りフェースが閉じます。2つの相乗効果で逆目に負けずにボールを打ち出せます。

開いて下りたフェースが閉じたらフォローは考えなくていい

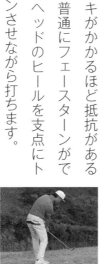

左足上がりのザックリ、トップをなくす！

ガニ股スタイルでアドレスしフェースを少し開いて打つ

左足上がりのポイントは、右つま先を外側に向けて右太ももを内側に捻り、左つま先を目標に向けて左太ももを外側に捻って構えること。見た目的にはガニ股です。

この構えで下半身を固定しておくとバックスイングの大きさが自動的に決まるので、その振り幅で打ちます。バン

左つま先を
目標に向ける

左つま先を目標、右つま先を外側に向けてガニ股感覚でアドレス

スをあてがう感じでフェースを少し開いておくとヘッドが斜面に刺さりません。距離が足りないようなら番手を上げてください。打つ方向が高くフォローが出ない状況なので打ったら終わりのイメージでOKです。

打ったあとは惰性で動く

フォローが出ない状況なので打ったら終わりでいい

左足下がりのトップ、ダフリをなくす!
右足を引いて構え、**右手一本で打つ**イメージ

オープンに立って右にボール
を置くと打ちづらい

ボールの位置は
左つま先の前

左つま先前にボールがくるように立ったら、右足を後ろに
引いてクローズスタンスをとる

左足下がりでは、左つま先前にボールがくるように立ちます。次に右足を後ろに引いてクローズスタンスをとったら、肩のラインをオープンにします。アドレスでは左足一本で立っている感覚になります。

　これができたら傾斜に沿って振るだけ。ボールを上げようとしたり、上から打ちにいかないように。右手一本で振るイメージで動くとうまく打てます。

斜面に沿って
ヘッドを低く出す

左足一本で立ち肋骨を左に向けるイメージで振る

スイングは傾斜に沿って右手一本で振る感じで動こう

目標の右を向き、右つま先を開いてアドレス

右つま先を外側に向け、右太ももを内側に捻ってアドレス

まずクラブを短く持ち、重心を下げてアドレスします。低いかかと側に体重をかけて体を安定させましょう。

そのまま打つと左に飛ぶので目標の右を向きます。右向き加減は、つま先上がりが左足上がりになるくらい。そこまで右を向いたら、右つま先を外に向け、右太ももを内側に捻っておきます。

スイングは傾斜に沿って。左足上がりになっていますから、下から上に振っていく感じになります。

バランスを崩さないよう、かかと側に体重をかけておく
クラブは短く持つ
右を向いて左足上がりにする

目標の右を向くことで、つま先上がりが左足上がりになるので、その方向に打ち出す

つま先下がりのシャンク、ヒッカケをなくす！

ヒール側を支点にトゥ側のターンで打ち出す

つま先下がりは、クラブがもっとも苦手なライです。うまく寄せるには、逆目のラフと同じようにヒール側を支点にトゥ側をターンさせましょう。フェースターンせ

フェースを真っすぐ出してはだめ

ずに真っすぐ打ち出す、あるいは普通に転がしにいくとフェースが開いて右に飛びます。

具体的には左手でシャフトを左に回しながら打ちます。アドレスで左太ももを内側に捻っておくと打ちやすくなります。

打っていく方向にラフやハザードがなく転がせる状況でも、ヒール側を地面に当ててトゥ側をターンさせるイメージで打ちましょう。

真ん中のボールをフェースターンさせて打つ

左腕でシャフトを
左に回す

ヒールを支点にして左手でシャフトを左に回すイメージで振る

Menu1

体の正面にクラブを構えてバックスイング

右回りのストロークを身につける練習。写真の位置でクラブを構える

クラブと腕のＬ字をキープしたまま肋骨を右に回してバックスイング

右側屈を入れクラブを倒しながらダウンスイング。インサイドからクラブを下ろす

アプローチのイメージで振り抜く

Menu2

顔を右に向けながら打つ

ダウンスイングからフォローの過程で顔を右に向け、フィニッシュで右を向く

右足を見る。肋骨と骨盤を止めずに打つ練習になる

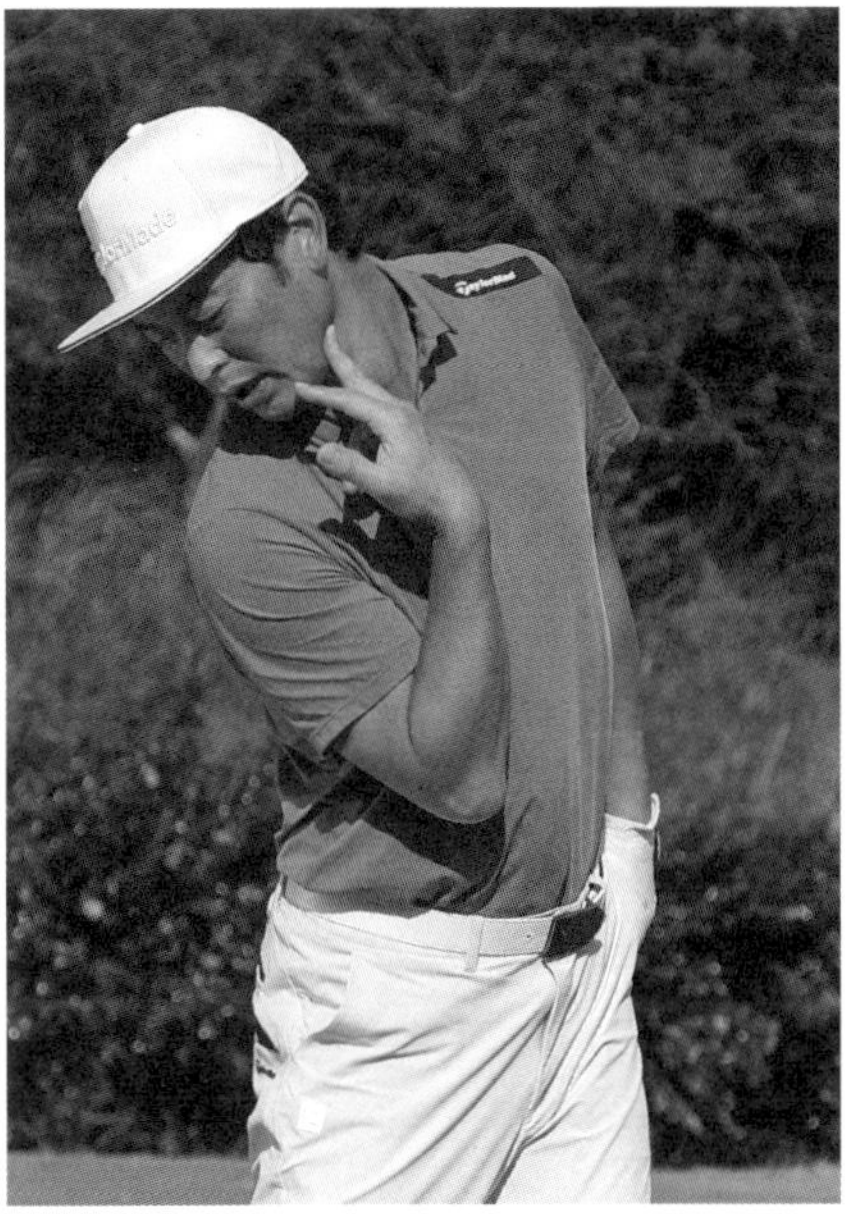

顔を右に向けることで、体のターンが促進される

Menu3

左ひざまで手元を下げてストローク

ダウンスイングからインパクトで手元をひざの高さまで下げる

クラブを体の左にキープするイメージ

右側屈を入れながらハンドファーストをキープ

Menu4

リバースピボットしながらボールを打つ

骨盤が回る感覚をつかむ練習。左足に体重を乗せ、体を右に向けながらバックスイング。切り返しでは右足に体重を乗せ、右つま先を目標に向けながらインパクト～フォローへ

しくダフる"こと

POINT 3

ラフはフェースを閉じながら打つ

● フェースを開き左右のつま先を外側に向けて構える

● 骨盤を回してフェースを自然に閉じる

● バックスイングは大きく、フォローは小さく

POINT 4

左足上がりはガニ股アドレス

● 右つま先を外側、左つま先は目標に向けてガニ股感覚で構える

● 斜面にバンスをあてがう感じでフェースを少し開いておく

● 距離が足りなければ番手を上げる

● 打ったら終わりのイメージ

アプローチのまとめ

寄せのコツは“正

POINT 1

バンスから地面にコンタクトする

● 下半身を安定させ、肋骨と骨盤が回りやすいようにアドレスする

● 骨盤を適度に前傾させておけば肋骨が左右に回りやすい

● 右つま先を外に向けて右太ももを内側に捻る

POINT 2

骨盤を左に向けるイメージで動く

● 左足体重でストローク

● 右足を左に引きずりながらインパクトへ

● 体の右サイドでクラブを右回りさせるイメージ

アプローチのまとめ

POINT 5

左足下がりは右手一本で打つイメージ

● 左つま先前にボール。右足を後ろに引いてクローズスタンス

● 左足一本で立つ感覚でアドレス

● 右手一本で振るイメージで動く

POINT 6

つま先下がりはヒール側を支点に打つ

● アドレスで左太ももを左に捻っておく

● ヒール側を支点にトゥ側をターンさせる

● 左手でシャフトを左に回しながら打つ

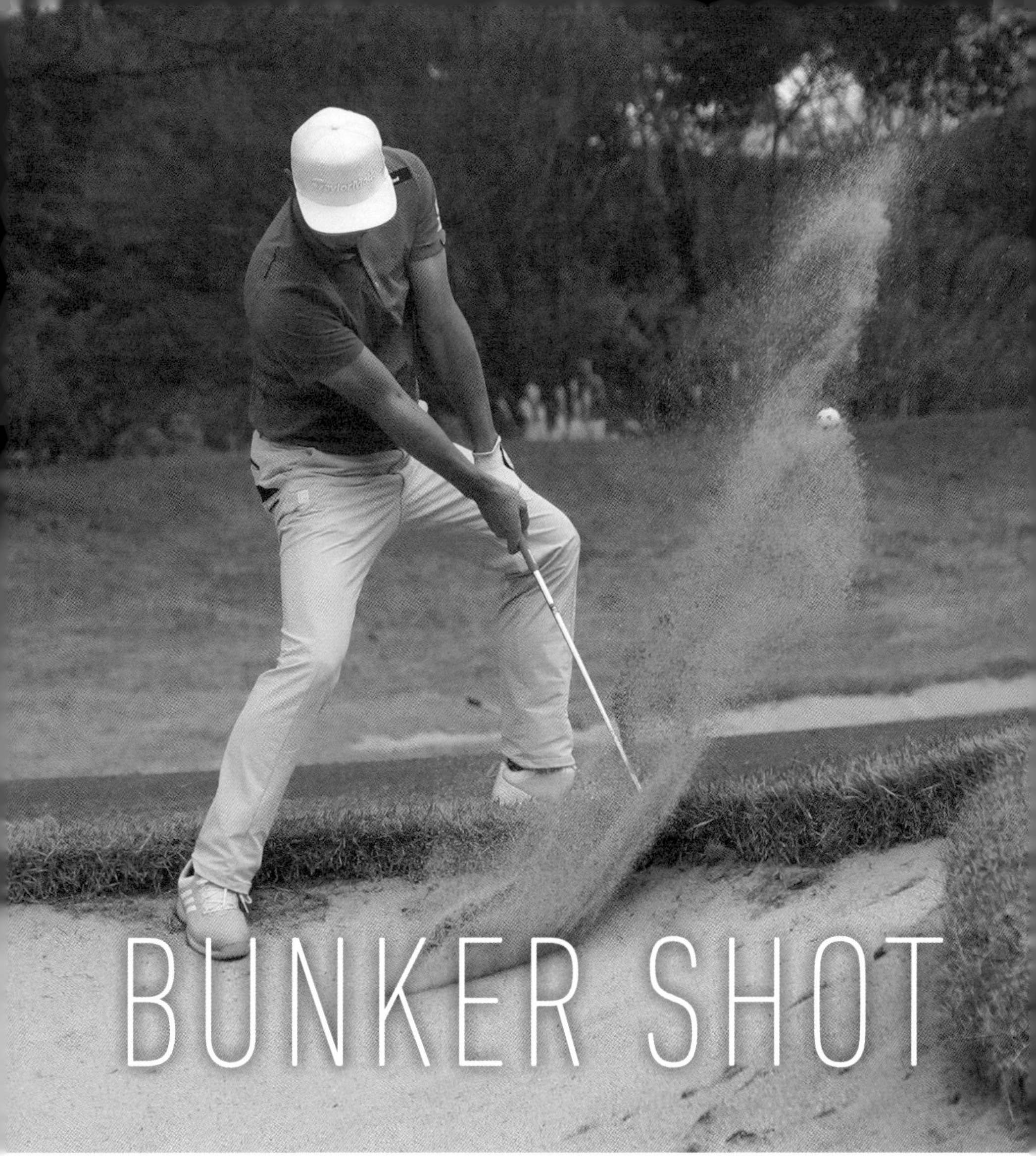

PART4

一発で脱出する
バンカーショット編

左右の手を交差させずに砂にヘッドを打ち込む

バンカーショットでは「ヘッドを砂に打ち込む」といわれます。間違いではありませんが「打ち込んでいるのに出ない」というアマチュアの方が多い。これはひとえに打ち込み方が間違っているからです。

打ち込んでも出ない人は、インパクトからフォローにかけて左右の手を交差させてフェースを閉じます。こうするとリーディングエッジからヘッドが落ちてヘッドが砂に刺さってしまいます。バンカーショットでは、ヘッドをボールの右の地面に打ち込まなければなりません。つまり、打ち込み方が違うために打ち込む場所が違ってしまうのです。

フェースを閉じていくことに加え、ダウンスイングでキャスティングしてハンドレートに打つ、あるいはボールを上げようとして、インパクト前に骨盤が前に出てしまうのも脱出できない原因です。

手首を使って
上から
打ち込む

打ち込みながら手首を交差させてフェースを閉じると出ない

しゃくって
飛ばない

手首を使って上げにいくとキャスティングしてハンドレートに

上げようとして
ホームラン

ボールを上げにいくと骨盤が前に出てホームランに

両腕を絞るようにクラブを持つ

左手
ややフックに握る

クラブを上から握る感じで左手をグリップ

右手
左手親指に
被せるように
握る

右手のひらを上に向けた状態から左手親指に被せるように握る

バンカーではグリップも大事で、フェースを開いてグリップします。開き具合は打つ距離次第ですが、おおむね45度くらい開きます（117ページ参照）。ちなみにロフト56～58度のウエッジでフルスイングすると15ヤードくらいのキャリーになります。

フェースを開いたら両手で上からクラブを絞るように、左手をフック、右手をウィークに握ります。絞るようにといっても腕には力は入れないでください。グリップが完成したときに、両ひじの内側部分が正面を向くのが目安です。フェースが開いているのでアドレスではリーディングエッジが目標の右を向きます。

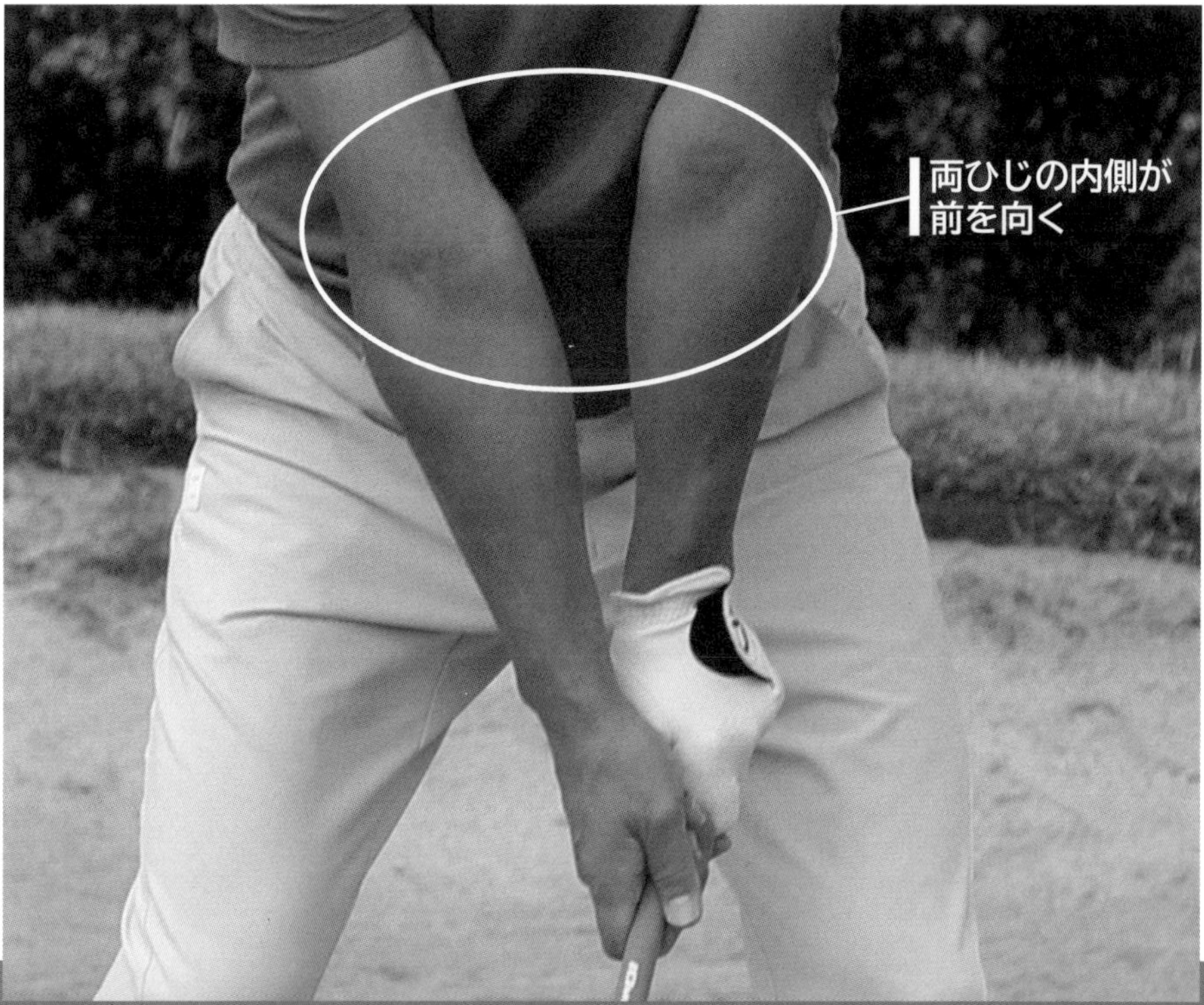
両ひじの内側が
前を向く

右つま先を右に向け、**太ももを内側に捻って**おく

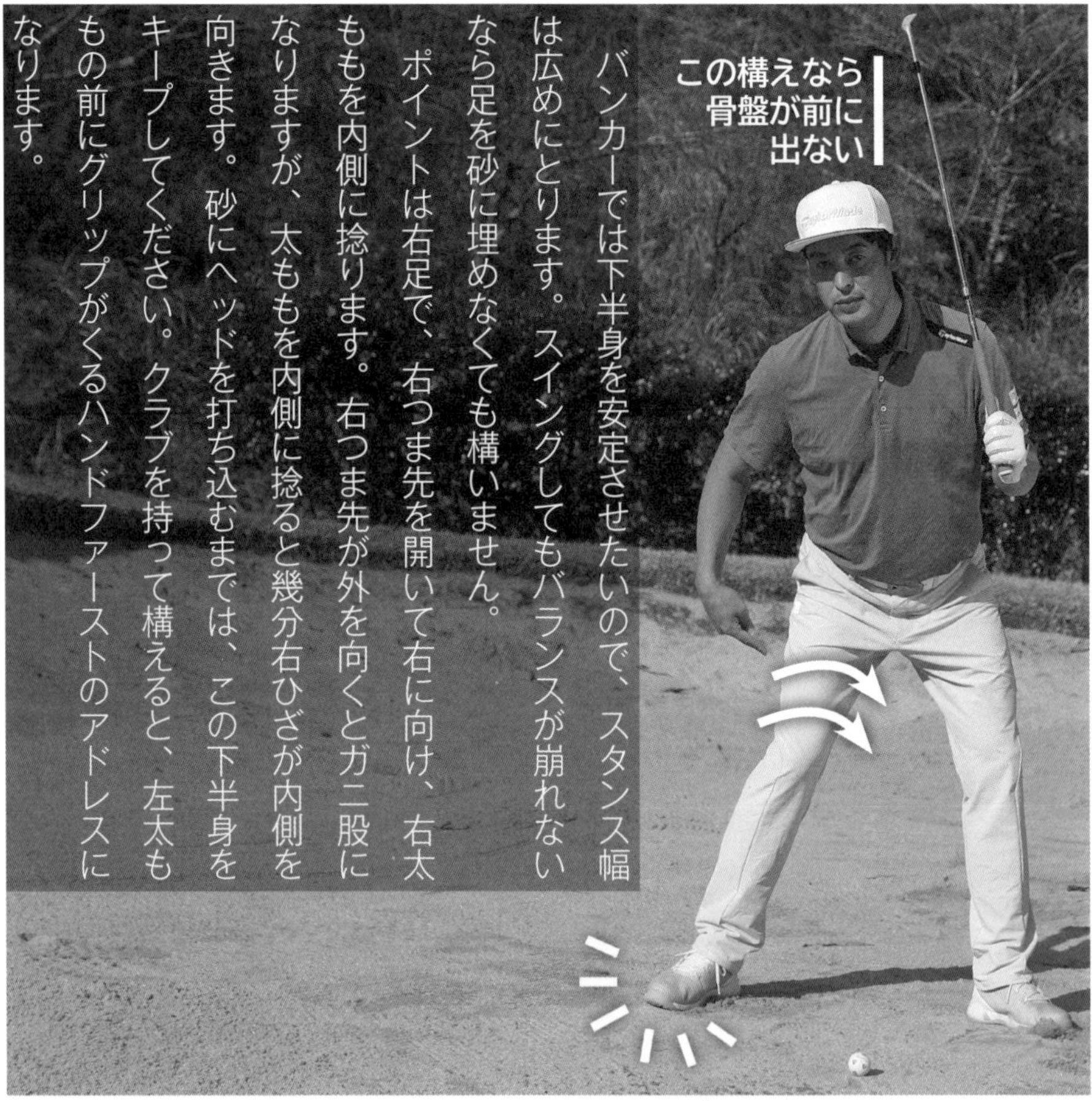
この構えなら骨盤が前に出ない

バンカーでは下半身を安定させたいので、スタンス幅は広めにとります。スイングしてもバランスが崩れないなら足を砂に埋めなくても構いません。

ポイントは右足で、右つま先を開いて右に向け、右太ももを内側に捻ります。右つま先が外を向くとガニ股になりますが、太ももを内側に捻ると幾分右ひざが内側を向きます。砂にヘッドを打ち込むまでは、この下半身をキープしてください。クラブを持って構えると、左太ももの前にグリップがくるハンドファーストのアドレスになります。

アドレスで右足に一工夫するとダウンスイングで骨盤が前に出なくなる

グリップの位置は
左太ももの前
45°

スクエアな状態からフェースを
45度ほど開いてからグリップ

最終的にグリップ位置が左太ももの前にきてハンドファーストのアドレスになればＯＫ

バックスイングは ヘッドから先に動かす

スイングのポイントはヘッドが先に動くようテークバックすること。ハンドファーストを保って手首から動かします。手元が先行するとハンドファーストが維持できないので気をつけてください。

それ以降はアプローチと同じ。バックスイングで肋骨を右に向けながら右わきを伸ばし、右に側屈してクラブを下ろします。バックスイングで右ひざが外を向かないようにしてください。

最初に記したように手は交差させません。インパクトからフォローでも右手は下のまま。左手をフックに握っていますから、左手首が甲側に折れた格好になります。

ヘッドが先行するよう手首を使ってテークバックする

ハンド
ファーストを
キープ

×

手元は先行させない

肋骨を右に向けたら
右に側屈

右ひざが右を向かないようバックスイング。ダウンスイングで右側屈

左手を甲側に
折ったまま振り抜く
×
左手の甲が目標を向いては
いけない

右手のひらが上、左手のひらが下向き。正面から左手はほぼ見えない

動く

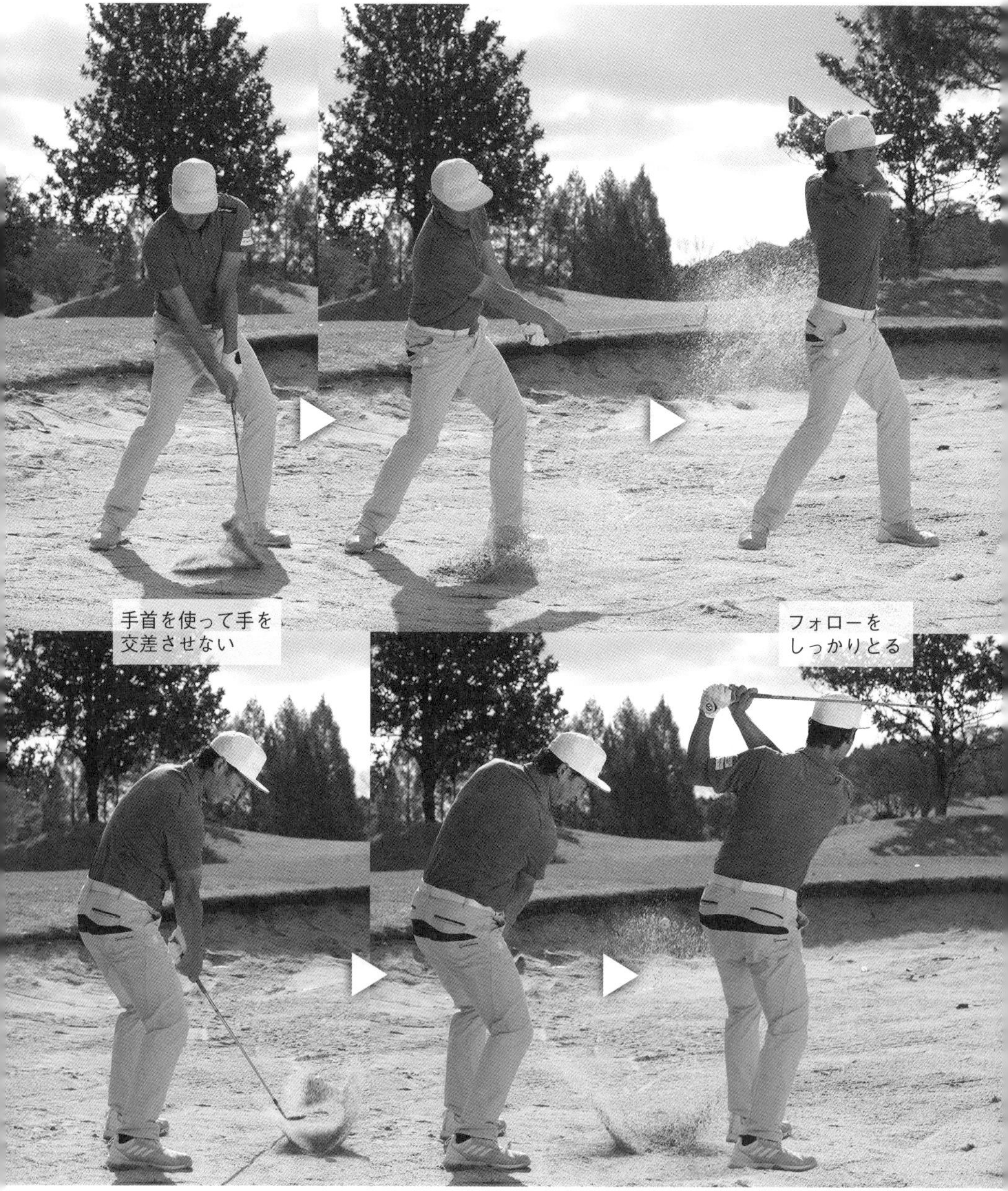
手首を使って手を交差させない
フォローをしっかりとる

セットアップしたらアプローチと同様に

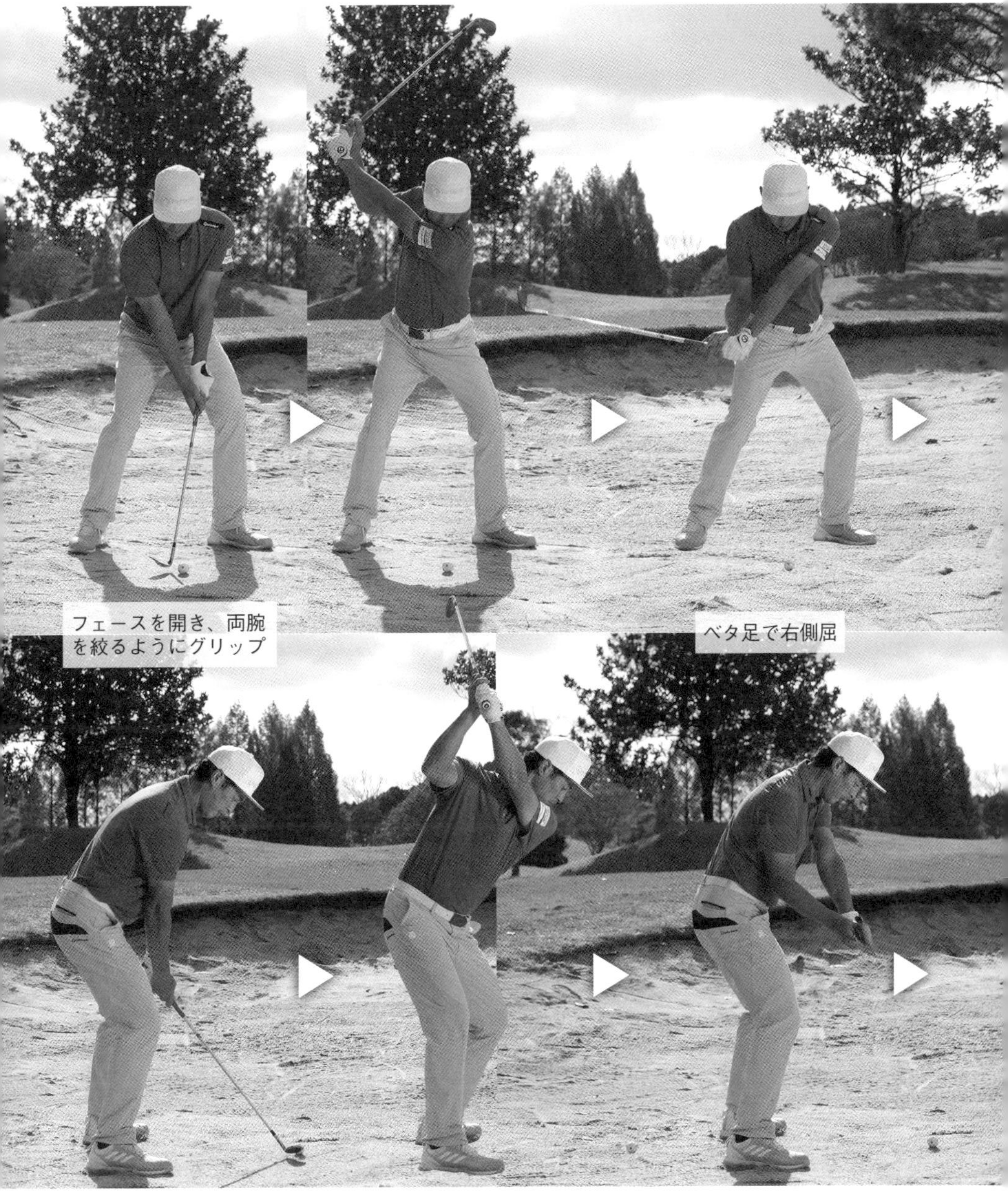
フェースを開き、両腕を絞るようにグリップ
ベタ足で右側屈

左足上がりから寄せる！

右つま先を開いて構え、肋骨の回転を促す

ボールが上がりやすい左足上がりのライは、ボールが多少埋まっていても状況的には難しくありません。ただ、バックスイングで肋骨を右に向けづらいためトップが浅くなり、ダウンスイングで腰が開きやすくなります。

これを防ぐには、アドレスで右つま先を開き右に向けておきましょう。右足をオープンにすることでバックスイングがしやすくなりますので、肋骨をしっかり右に向けてください。

普通に構えると肋骨が回りづらい

右足をスクエアにして構えるとバックスイングしづらく肋骨が回りきらない

右つま先を開くと
肋骨が回りやすい

右つま先を開いてガニ股気味にスタンスをとるとバックスイングで肋骨が回る

左足下がりから寄せる！

右手を放すと楽に打てる

左足下がりはフェースを開いてボールを左に置き、クローズスタンス＆オープンショルダーで構えます。ダフりたくないからとボールを右に置いてオープンに構えると、当てにいってヘッドが上から入ります。

スイングではテークバ

×
×
当てにいったりボールを上げようとすると出ない
スタンスはクローズ、肩はオープン

ボール位置は左。クローズスタンスで立つが肩のラインはオープン

ックをアウトサイドに上げるイメージで、傾斜に沿って振り抜きますが、インパクトからフォローで右手を放すイメージをもつ。実際に右手を放したほうがうまくいくかもしれません。握ったままだと上体ごと突っ込みやすくなるからです。

下半身が動かないよう傾斜に沿って振り抜く
インパクト～フォローで右手を放していい

右手を放すイメージをもつ、あるいは実際に放してしまうとうまくいく

片足が外の状況から寄せる！

左足上がり&下がりの要領で鋭角に振る

バンカーの縁近くにボールがあり、スタンスをとると片足がバンカー外に出てしまう。そんな状況では、左足が外だと左足上がり、右足が外だと左足下がりになるので、それ

左足が外

左つま先を目標方向に向けて構える

大きめに上げて
フォローはなし

フォローがとれないのでバックスイングは大きめに。打ったら終わりのショットになる

ぞれ122ページ、124ページの方法で構えてください。

左足が外だとバックスイングは普通にとれますが大抵の場合フォローが出せません。イメージ的にはバンカーの土手にヘッドをぶつけるように打つ。左足のつま先を目標方向に向けておくとしっかり打ち込めます。

右足が外だとバックスイングがとりづらい。普通にテークバックできないので、通常より早く手首をコック、ダウンスイングも同じ入射角でヘッドを下ろし、フォローをしっかり出していきましょう。

右足が外
鋭角に上げて
低く振り抜く

フォローで右手を放してもいい

早めのコックで鋭角的にヘッドを上げる。入射角も鋭角になる目玉のライから出す！

左足を前に出し、真上からクラブを振り下ろす

目玉から脱出するには構えも打ち方も大胆に変えましょう。まず左手をしっかりグリップ、左足の前にボールがくるように立ったら右足を後ろに引き、目標に対して超クローズに構えます。フェースの向きはスクエアです。

アドレスしたらクラブヘッドが右耳の上あたりにくるようにバックスイング、ほぼ真上に振りかぶるイメージです。あ

ボールは左足の前。右足を後ろに引き体を閉じてアドレスする

とは刀で砂を切るように振り下ろすだけです。

左手で大根切りのイメージ。インパクトからフォローで左手を後ろに引いていきましょう。その際、右手を放しても構いません。

右耳の上に
ヘッドを上げる

フォローでは左手を後ろに
引く。右手を放してもいい

クラブを真上に振りかぶるようにバックスイング

右の手を交差させない

POINT 3

左足上がりは右つま先を開いて構える

● アドレスで右つま先を開き右に向ける

● バックスイングで肋骨をしっかり右に向ける

POINT 4

左足下がりは右手を放すと楽に打てる

● フェースを開いてボールを左に置きクローズスタンス＆オープンショルダー

● テークバックをアウトサイドに上げ傾斜に沿って振る

● インパクトからフォローで右手を放すイメージ

バンカーのまとめ

打ち込むときに左

POINT 1

右つま先を右に向け太ももを内側に捻る

- スタンス幅は広め。左太ももの前にグリップがくる

- フェースを 45 度ほど開いてグリップ

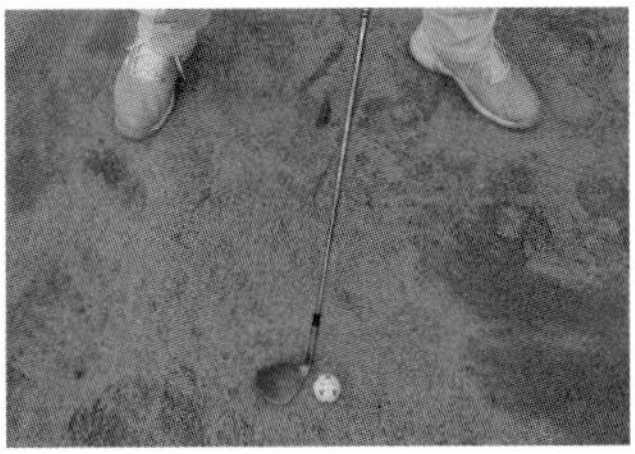

- 両ひじの内側が前を向く

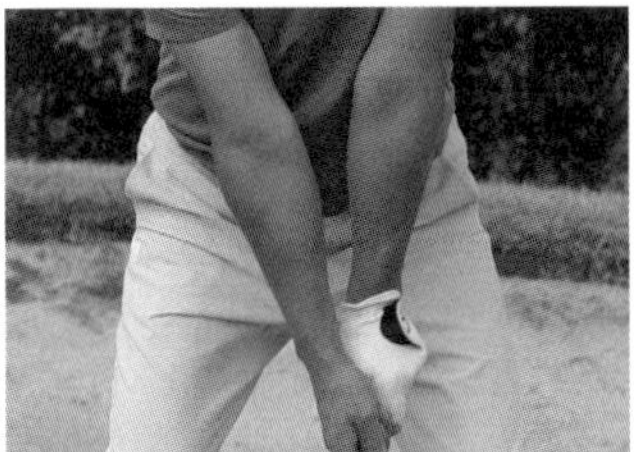

POINT 2

ヘッドから先にテークバック

- ハンドファーストを保って手首を使ってヘッドを動かす

- バックスイングで肋骨を右に向けながら左わきを伸ばす
- 右ひじが外を向かないよう右側屈してクラブを下ろす

- フォローでは左手首が甲側に折れる

バンカーのまとめ

POINT 5

「片足が外」は左足上がり&下がりの要領

- 左足が外はバンカーの土手にヘッドをぶつけるように打つ
- 左足のつま先を目標方向に向けておく

- 右足が外はテークバックで手首を早くコック

- フォローをしっかり出す

POINT 6

目玉は左足を前に出し真上から振る

- ボールは左足の前、右足を後ろに引く

- クラブヘッドが右耳の上にくるようにバックスイング

- 大根切りのイメージで振り左手を後ろに引いていく

PART5
3パットしない パッティング編

芯に当たればOK！ストローク軌道にはこだわらない

パットで大事なのは、アドレスでフェースを打ちたい方向に向けること。そしてフェースの芯でボールを打つことです。

ショットでは、過度なアウトサイド・インやインサイド・アウト軌道でスイングするとボールコントロールが困難ですが、パットでは気にしなくて構いません。フェースの芯でさえヒットできれば、ショットのようなフックボールやスライスボールにはならないからです。

同様に「イン・トゥ・インの軌道で打つのがいい」、「ストレート軌道がベスト」などといわれもしますが、これらについても芯で打てればどちらでも構いません。

ということで、パッティングではヘッドの軌道は気にせず、まずはフェースを目標に向けて芯で打つ。フェースの芯にボールの芯をぶつけることに集中しましょう。

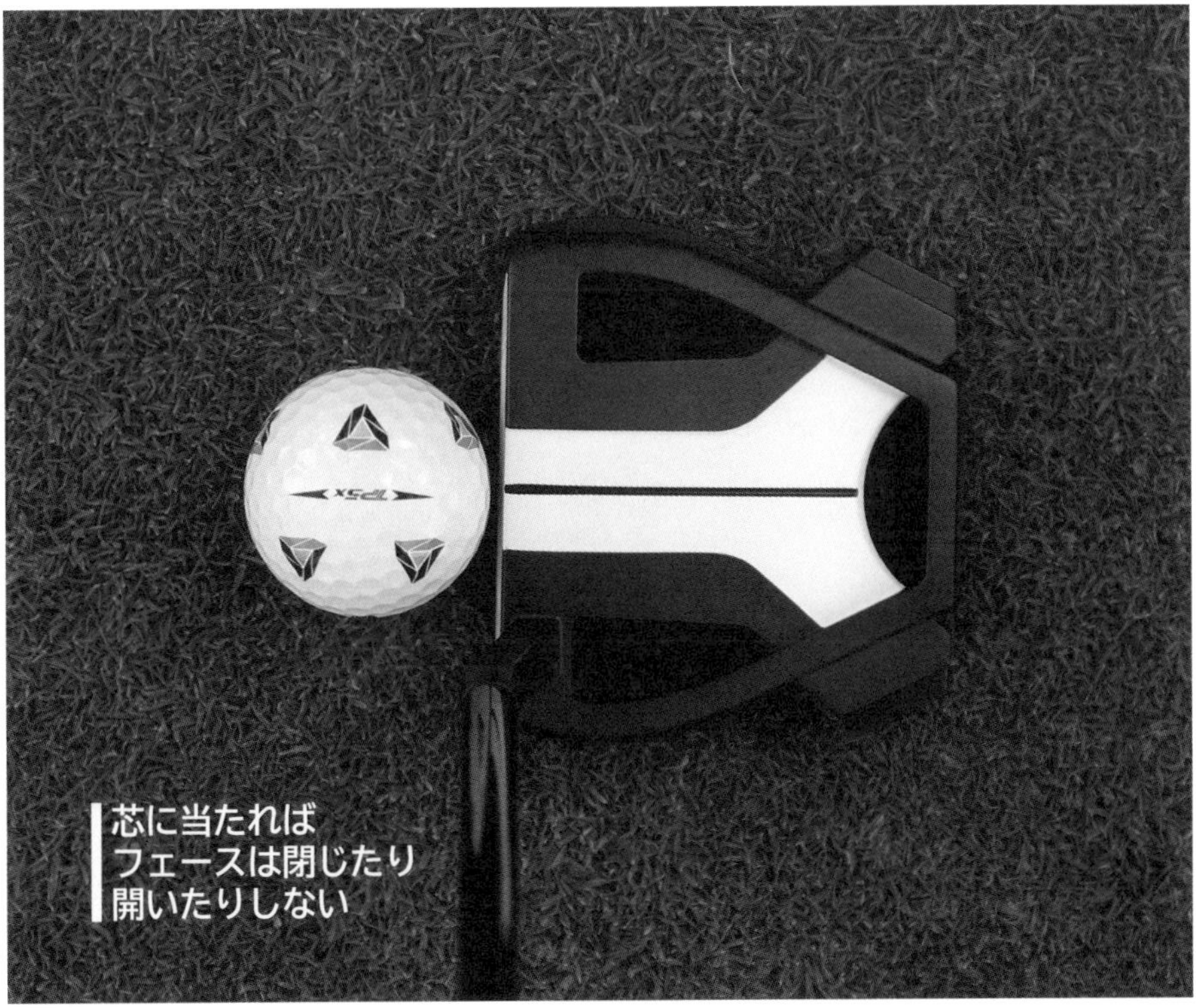
芯に当たれば
フェースは閉じたり
開いたりしない
TP5x

打ちたい方向にフェースを向け、芯で打つことに集中。トゥ側やヒール側に当たらなければフェースは開閉しない

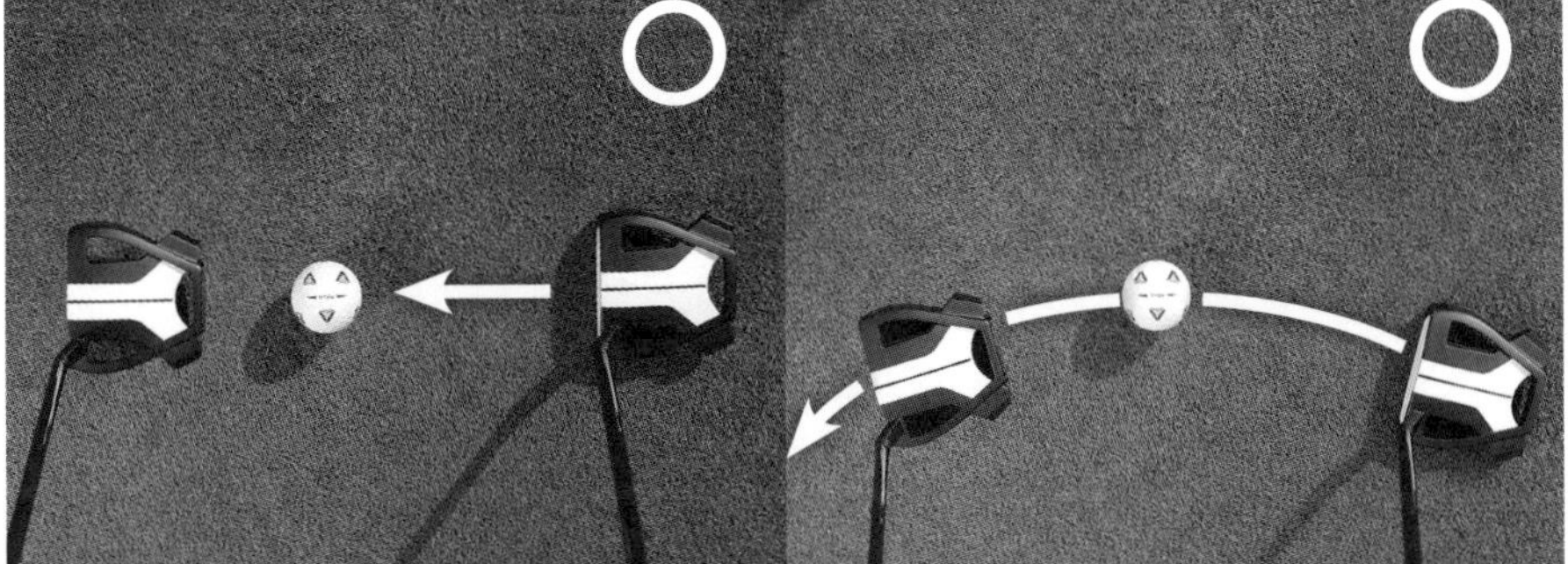
○
○

芯でさえ打てればヘッドの軌道はイン・トゥ・インでもストレートでもいい

長尺パターでアンカーリングのイメージがベスト

アンカーリングの
イメージでアドレスする

長い棒の上端側を左わきに挟んで固定させるイメージが有効

２０１６年にアンカーリング（クラブまたはクラブを握る手を体に付けて、ストロークの基点を作ること）が禁止されました。ルール違反にするほど入りやすいからです。

　であるなら、なるべくその形に近い構えを作って打ったほうがいい。右ページの写真のように、長い棒の上端を左わきに挟み固定させるイメージで構えるとアンカーリングに近いスタイルで手首をコネずにストロークできます。

　また、その構造上、手はヨコへスライドする動きとは相性が悪いので、左手のひらが下、右手のひらが上を向くようにパターを持ち、手が旋回するように使うと動きやすくなり芯にも当たりやすくなります。

アンカーリングのイメージで動くと誰でもいいストロークになる

左手のひらが下、右手のひらが上を向くように持つ

この感じです

ヨコから合わせず上下からパターを挟むイメージで持つといい

両目を結ぶラインとターゲットラインを平行にする

目線が逸れると
真っすぐ打ち出せない

両目を結んだラインとターゲットラインが平行になるように構える

打つ前の準備で最後にやるべきは目線のチェックです。ボールの真上に左目がくるように立ったら、ボールと目標を結んだターゲットラインに対して、左右の目を結んだラインが平行になるようセットアップしましょう。

ヘッドの軌道には神経を使わなくてもいいですが、目線が合っていないと目標方向に打ち出せません。右目がターゲットラインより前に出ていたら左に、逆に左目が前だと右に打ち出すことになり、目標にフェースを向けても無駄になってしまいます。

また、アドレス後に目標を確認する際にも注意が必要です。頭を上げて見ると目線が逸れるので、首を回して顔を左に向けて確認しましょう。

×
左目が前に出ると
右に打ち出す

×
右目が前に出ると
左に打ち出す

×

○
顔を上げずに
ラインチェック

頭は上げず、顔を左に回してターゲットやラインをチェック

バックスイングのヘッドの高さが距離感のポイント

パットは振り子の雰囲気で打ちますが、振り幅の大小でインパクトの強弱を出したり、距離を打ち分けるわけではありません。

振り子運動は位置エネルギーを使って打つ手法です。ダウンスイング時にヘッドが落下することで生じるエネルギーが源泉ですから、強く打ちたければ、なるべく高い位置からヘッドを下ろさなければなりません。

つまり、振り幅が大きくてもヘッドが低い位置にあったのではだめ。バックスイングでヘッドを20センチ引いて5メートル打つからといって、低く40センチ引いたら10メートルではありません。この手法だとすごく長いパットは打てなくなります。小さく振っても高い位置にあればいい。ヘッドを地面から5センチの高さまで上げて5メートルなら、10センチ上がったら10メートル、と考えるほうがエネルギーの使い方に則しています。

×
振り幅が大きくてもヘッドの位置が低いと思ったほど転がらない
ヘッド位置の高さでインパクトの強弱を出す

振り子運動のパットではバックスイングでのヘッドの高さがポイント

左足体重で構えるとインパクトが緩まない

ヘッドを高い位置に運ぶとはいえ、ひじを曲げて手を引き上げたら打てませんし、そこまでやらなくてもヘッドは適度な高さに上がります。

ただ、振り幅が大きくなるほど芯には当たりづらくなりますから、なるべく小さな振り幅で打ちたい。

そこで私がおすすめしたいのは左足体重でストロークすることです。

左足体重のアドレスから打つと、バックスイングで右の肋骨が上がるのでヘッドが高い位置に動きます。左右均等の体重配分でストロークした場合と振り幅が同じであっても、トップでヘッドが高い位置にくるのでボールが転がります。

相対的に振り幅が小さくなりますから、ロングパットでもフェースの芯でボールをとらえやすくなります。

左足体重で立つと
ヘッドが高く上がる

バックスイングでヘッドが高い位置に上がれば振り幅が小さくてもボールが転がる。小さく振るぶん芯に当たりやすい

強く打ちたいときには左足体重

左足体重でアドレス、
テークバックすると
ヘッドが高く上がる
小さく振るので芯に当
たりやすい。フォロー
は小さめになる

左足体重で打つとダウンスイングでヘッドが上から入りますが、インパクトでフェースが被りすぎると、打った瞬間にボールが跳ねて転がりません。左足体重にする際には、体全体が大きく左に傾かないように注意してください。目線を合わせると（138ページ参照）これが防げます。特にハンドファーストを意識する必要もありません。

　左足体重にするだけでヘッドが上から入りますから普通にストロークすればOKですが、フォローは小さくなります。左右対称の振り幅で打つとオーバーしますからタッチを合わせてください。

ロングパットや強く
打ちたい上りで有効

フックもスライスも
曲がるラインは左足体重

フックラインは
カップ右への上り

カップの右に目標を設けて上りのパットを打つのがフックライン

ラウンドではスライスラインやフックラインもありますが、これらも左足体重で打ちます。曲がるラインは基本的に打ち出しが上りだからです。

アマチュアの方はスライスラインで右、フックラインで左に垂れるパットが多いですが、これは上りに対してしっかり打ち出せないのが原因のひとつ。左足体重にすればバックスイングが小さくても強く打ち出せるのでカップに寄る方向に打てます。

スライスラインは
カップ左への上り

カップの左に設けた目標に対して
上りを打つのがスライスライン

右足体重で打つとインパクトがソフトになる

左足体重でストロークするとヘッドが高い位置に動くのとは反対に、右足体重のアドレスからテークバックすると、バックスイングでヘッドが低い位置に収まります。ヘッドが低い位置からインパクトに向かうと、振り子運動によって生まれる位置エネルギーが減少しますから、高速グリーンや下りのパットなど、ソフトタッチでインパクトしたいときには右足体重にするのがおすすめです。

イメージ的には、左足体重がダウンブローなら右足体重はアッパーブロー。ともにフェースを目標方向に向け、芯で打つことは必須条件ですが、小さな振り幅で強めに打つとパンチが入ってオーバーするイメージがあるプレーヤーは、右足体重でのストロークをベーシックにしても構いません。左足体重に比べるとフォローが出るストロークになります。

右足体重でストロークするとバックスイングでヘッドが低い位置に。位置エネルギーが減ってソフトなインパクトになる

強く打ちたくないときには右足体重

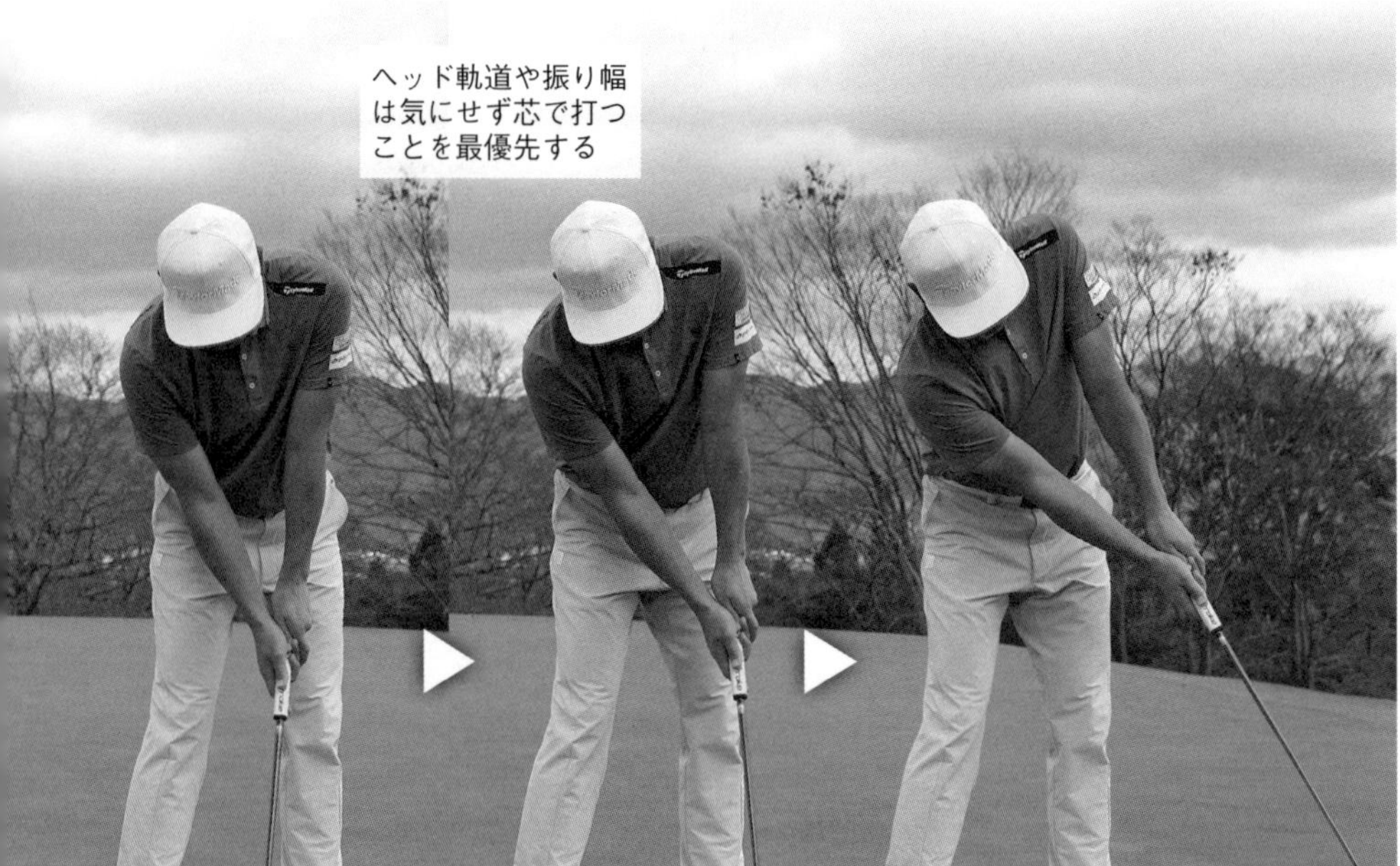
ヘッド軌道や振り幅
は気にせず芯で打つ
ことを最優先する

右足体重のセットアップから打つときでも打ち方が変わることはありませんが、右足体重に伴って体全体が右に傾いてしまうと、トップ気味にヒットすることになるので注意してください。こちらも打つ前に目線をチェックする（138ページ参照）ことで防げます。

動きづらく感じる方は、ややオープンに構えるなど工夫をしてみるといいでしょう。左足体重に比べてフォローが大きめのストロークになります。

オープンスタンスで構えると右足体重を作りやすい

低いテークバックからアッパーにヒット

右足体重で構えるとバックスイングでヘッドが低い位置に

Menu1

※クロウグリップで握り肋骨を動かす

※クロウグリップ
左手のひらを上に向けて握り、右手の甲を前に向けて、親指と他の４本の指でグリップをつまむ方法

写真の位置で、クロウグリップでパターを持って素振り。肋骨が左右に動くのを確認する

通常の位置、通常のグリップでパターを持ち、クロウグリップの場合と同じようにストロークする

Menu2

交互に片足軸で立ち“お先に”パットを入れる

カップや目標から1メートルほどの距離にボールを置き、右足もしくは左足体重で構えたら“お先に”のイメージでカップインさせる

右足体重の次は左足体重というように交互に打ってカップインさせ、体重を偏らせて打つことに慣れる

間をおかずに打って、足を打った強さをパットにフィードバックする

Menu3
徐々に
バックスイングを
高くして距離を伸ばす

バックスイング時のヘッドの高さとタッチの関係を結びつけます。一球ずつヘッドの高さを変えて転がる距離を確認しましょう。ヘッドをややアウトに上げ、右足体重、左足体重の両方で行ってください

バックスイングの
ヘッドの高さで距離を
打ち分ける
低い

Menu4
左つま先内側を打って
インパクトの強さを
感じる

インパクトの強さをコントロールします。左足を半歩から一歩ほど前に出し、パターフェースで足の内側を打って当たり方をインパクトのイメージに重ねてみましょう

強弱を変えて何度か打つ。打つ前に素振りと組み合わせて行ってもいい

打つことに集中する

POINT 3

ヘッドの高さが距離感を出す

- 左足体重で高い位置からヘッドを下ろす

- スライスラインはカップの左サイドから上り

- フックラインはカップの右サイドから上り

POINT 4

やさしいインパクトは右足体重

- 右足体重で打つとヘッドが低い位置になる

- 強く打てないときには右足体重

- 動きづらければややオープンに構えてもＯＫ

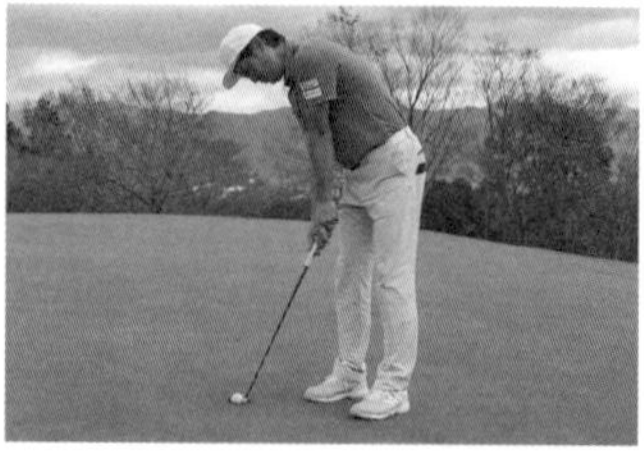

パットのまとめ

フェースの芯で

POINT 1

ストローク軌道は気にしない

● イン・トゥ・インでもストレートでもいい

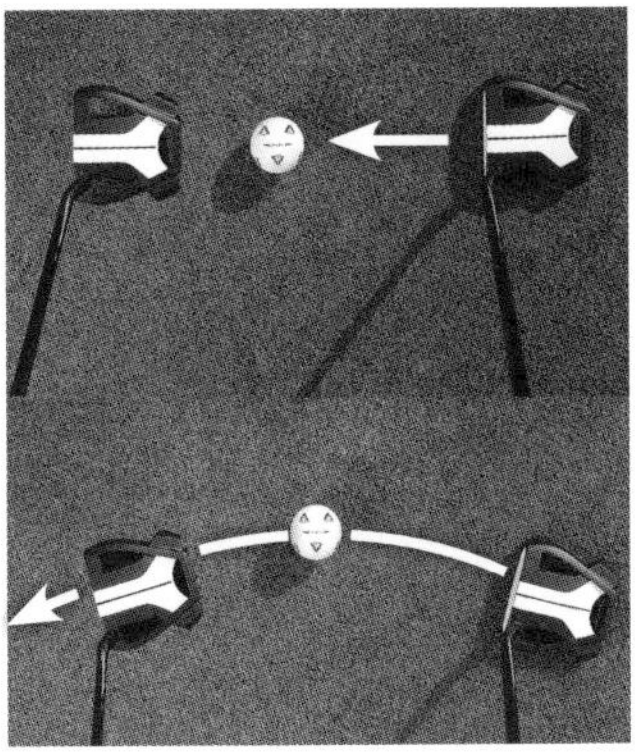

● トゥ側やヒール側に当たらなければフェースは開閉しない

POINT 2

長尺パターでアンカーリングのイメージ

● 長い棒の上端を左わきに挟むイメージで構える

● アンカーリングのイメージで動く

おわりに

右手一本でクラブを持ってスイングすると、クラブが正しく動きやすくなります。ライ角なりにソールすれば体は自然にチルトできますし、手首の使い方やヘッドの入り方なども考えず、ただ振るだけでシャフトプレーン上を動きます。「スイングはアンダースローでボールを投げる動き」といわれますが、まさにその感覚になります。

ラウンドでも練習でも目指すのはこの動きですが、クラブと体の関係をヨコにすると簡単にできます。身長ほどの長い棒を楽に振るにはヨコに持てばいいのと同じ。クラブでいえば、グリップエンド側を体の左サイドにキープしておけばいいわけです。

私が本書でみなさんにお伝えしてきたポイントは、この方法（キープレフト理論）に基づいていますが、本編ではあえてそこには触れませんでした。なぜなら、紹介したやり方やイメージを導入していただければ、理論を知らなくても効果が見込めるからです。

ただ、中にはうまくいかなかった方もおいでになると思います。そこで、この場を借りて一言だけ付け加えさせていただくことにします。

キープレフト理論では、体の左にクラブを保って動きますから、オープンフェースのままスイングする感覚になります。それでもフェースがターンするのは、クラブと体がヨコの関係にあり、ライ角通りにクラブを振れるからです。

詳細についてお知りになりたい方は、前著『世界が認めた究極のシンプルスイング キープレフト理論』をお読みになっていただきたいと思いますが、難しいことは抜きにして、クラブはライ角通りに振れれば、2つの使用条件が満たされる。つまり、ターンするようにできています。基本的には、クラブはターン「させるもの」ではなく「するもの」なのです。

ということで、うまくいかなかった方は、体とクラブがヨコの関係であることをイメージしてみてください。動きとしてはフォワードプレス（打つ前にクラブをグリップが左、ヘッドが右の位置関係にする）をしていただけるといいでしょう。フォワードプレスでフェース面を開き、あとは右手一本で体の回転だけで打つイメージです。決して難しくないので、ぜひトライしてください。これができれば、噛み合っていい方向に進むはずです。

いうまでもなくゴルフ＝ラウンドです。練習でうまく打ててもラウンドに反映されなければ楽しみは半減します。逆に、両者のギャップが埋まっていけば好循環がはじまり、上達のペースは飛躍的にアップします。一人でも多くのみなさんにその幸運が訪れることを祈って擱筆《かくひつ》させていただきます。お読みいただき、ありがとうございました。

和田泰朗

１９７６年生まれ。スポーツ医学、ゴルフトレーニングなどを学んだ後、指導者になる。延べ３万人を教え、現在女子プロの笹原優美らを教えている。２０１３年、世界的なティーチングプロの団体「ＷＧＴＦ」で会員３万８０００人の中の１％しかいない「マスター」の資格を取得。その後、独自にまとめた「キープレフト理論」が認められてＷＧＴＦのティーチングプロトップ１００に選出された。
著書に『世界が認めた究極のシンプルスイングキープレフト理論』（日本文芸社）、『ゴルフはYouTubeだけでは上手くならない』（主婦の友社）がある。

著者紹介

和田泰朗

（わだ・ひろあき）

究極《きゅうきょく》のシンプルスイング キープレフト理論《りろん》　実戦強化編《じっせんきょうかへん》

2021年6月1日　第1刷発行

著　者　和田泰朗《わだひろあき》
発行者　吉田芳史
印刷所　株式会社 文化カラー印刷
製本所　大口製本印刷 株式会社
発行所　株式会社 日本文芸社
〒135-0001　東京都江東区毛利2-10-18　OCMビル
TEL 03-5638-1660（代表）
URL　https://www.nihonbungeisha.co.jp/

Printed in Japan 112210521−112210521 Ⓝ 01　(210081)
ISBN978-4-537-21892-3

内容に関するお問い合わせは、小社ウェブサイトお問い合わせフォームまでお願いいたします。
https://www.nihonbungeisha.co.jp/

編集担当：三浦

STAFF

構成：岸和也

編集協力：菊池企画

装丁･本文デザイン･DTP：原沢もも

撮影：天野憲仁（日本文芸社）

撮影協力：裾野カンツリー倶楽部（静岡県裾野市）

企画プロデュース：菊池真